ARIAN LEKA

Enver und sein Paradies

ARIAN LEKA

Enver und sein Paradies

Illusionen und Propaganda

im kommunistischen Albanien

Essays

Aus dem Albanischen von Loreta Schillock

Dieses Buch wurde mit freundlicher Unterstützung durch den Übersetzungsfond des Albanischen Kulturministeriums herausgegeben.

Impressum

Originaltitel: Në kërkim të këmischës së humbur (2018)
Dt. Übersetzung: Auf der Suche nach dem verlorenen Hemd.

Hubertusstraße 14, 10365 Berlin
Tel.: (030) 993 93 16
Fax.: (030) 994 01888
eMail: info@anthea-verlag.de
Verlagsleitung: Detlef W. Stein

www.anthea-verlag.de

Ein Verlag in der ANTHEA VERLAGSGRUPPE.
www.anthea-verlagsgruppe.de

Umschlaggestaltung: Stefan Zimmermann
Korrektorat / Satz: Steffen Stettnisch
Fotonachweis Einband (Stadtbild von Tirana/Skanderberg-Platz): Vil.Sandi
Fotonachweis S. 5 (Bunker in Albanien): Elian Stefa, Gyler Mydyti
Bildnachweis S. 163: Privatarchiv Arian Leka

ISBN 978-3-89998-344-9

Inhalt

DURRËS, GEOEMOTIONEN 9

GEBOREN IN DER PROVINZ 31

MEER DES ARGWOHNS 63

QUADRAT IM SCHACHFELD 89

ÇORBA 99

DIE ELIMINIERUNG DES *ANDEREN*
VON DER METEOROLOGISCHEN KARTE 117

DAS MONOPOL DER BARBAREI 139

ZUM AUTOR 153
ZUR ÜBERSETZERIN 155
GLOSSAR 156

DURRËS, GEOEMOTIONEN

VON DER MULTIKULTUR DER AUTARKIE ZUR MONOKULTUR DER OFFENEN STADT

MEIN ERSTES KREUZ trug ich im Frühling des Jahres 1984. Damals war ich 18 Jahre alt. Ein Jahr später starb Enver Hoxha. Zwischen dem Kreuz um meinen Hals und dem Tod Hoxhas besteht keinerlei logische Verbindung; es sei denn, ich versuche, dem Chaos der Ereignisse im Universum – das auch Zufälle als Gesetze akzeptiert – eine gewisse Ordnung zu geben.

Das Ende meiner Jugend fiel in die Zeit des Zerfalls des Hoxha-Regimes. Man sagte damals, sein innerer Verfall sei derart fortgeschritten, dass es ohne Anstoß von außen, von selbst zusammenbrechen würde. Doch an solch einen zwangsläufigen Zusammenbruch glaubte ich nicht. Aber auch Aussagen wie „wie wir den Kommunismus überwanden", die den internen Faktor „wir" betonen, dabei aber die Beiträge der „Ausländer" für den Zusammenbruch des kommunistischen Systems außer Betracht lassen, klangen für mich wie ein arrogantes Gehabe von Balkanbewohnern und ihrer abgeschotteten Gesellschaften, vergleichbar einer Werkstatt, die Helden restauriert.

Aber lassen Sie mich zur Geschichte meines Kreuzes zurückkehren. Weder damals noch heute spielte ich mit dem Gedanken, ein Held zu sein. Ich bereitete mich auf die Reifeprüfung vor, auf die so genannte „Befreiungsprüfung" Das Wort „Befreiung" wurde vornehmlich in drei Situationen verwendet: erstens nach der Ableistung der Wehrpflicht; zweitens nach

Absitzen einer Gefängnisstrafe; drittens nach Abschluss der Reifeprüfung. Obwohl ich das Diplom am Lyzeum für klassische Musik noch nicht erworben hatte, wurde ich vom Staat und der damaligen albanischen Gesellschaft als Person bezeichnet, die „*vollständige, gleichwertige Legitimität erlangt hat sowie zivilrechtlichen Ansprüchen und Verpflichtungen im Rahmen der Gesetze obliegt*". Das war der Grund, warum ich das Kreuz heimlich um den Hals trug, ohne Segen oder göttlichen Schutz von ihm zu erwarten.

Warum aber sollte ich Christus um meinen Hals tragen? Zumal meine Familie, die den Nachnamen Leka (die Kurzform des Namens Alexander) trug, nicht dem christlichen Glauben angehörte. Vielleicht, um mich an die Sünden meiner Vorfahren zu erinnern oder um mir zu vergegenwärtigen, dass auch ich nicht frei davon bin.

Keinesfalls Ausdruck einer heroischen Haltung, konnte das Tragen eines Kreuzes unter jenen Umständen als geheimer Akt bezeichnet werden, in dem sich weniger Widerspruch gegenüber dem Regime als eine stille, persönliche Ketzerei verbarg. Doch im Gegensatz zu allen Häretikern vor mir verneinte meine Häresie den HERRN nicht, sondern bejahte ihn. In jedem Falle bedeutete das öffentliche Tragen eines Kreuzes zu dieser Zeit eine Rechtswidrigkeit. Rechtswidrig, weil seit 1967 die religiösen Institutionen geschlossen, umgebaut oder zerstört wurden, ihre Besitztümer beschlagnahmt, Rituale bzw. Zeremonien untersagt wurden und nationale anstelle der religiösen Feste traten. „Heimat und Nation" hieß die neue Religion. Mit ihrem Beruf legten die Geistlichen auch ihre liturgischen Gewänder ab. Sie mussten zivile Berufe erlernen und in die Rolle des neuen „sozialistischen Menschen“ schlüpfen. Einige wurden verfolgt, inhaftiert oder sogar hingerichtet. Unterdessen wurde die Liste der Unerwünschten, auf der bereits die US-Präsidenten Lyndon B. Johnson, Richard Nixon sowie der Präsident eines verräterischen, revisionistischen Landes namens Leonid Breschnew standen, um Jesus Christus und Mohammed erweitert. Unser Pantheon verlor an Bedeutung, wurde aber nicht vollständig vernichtet. Den Platz der Propheten, Apostel und Heiligen nahmen ein: Da Vinci, Kopernikus, Erasmus von Rotterdam, Descartes, Voltaire, Darwin, Tschechow, Nesin, Conrad, vor allem Marx und Engels, von denen unsere Lehrer sagten, sie seien gleichermaßen Genies wie Atheisten.

1967 erklärte sich Albanien zu einem atheistischen Staat. Fortan veränderte sich nicht nur die Beziehung der Albaner zum Rest der Welt, sondern auch die zu Gott. Ich muss damals auf der Suche nach „etwas“ anderem, Neuem, Fremdem gewesen sein, das unserem Leben noch fehlte, aber unbedingt dazugehören sollte.

CHRISTUS IN DER MARGARINE

„Matrose“, denken die meisten Menschen, sei der Beruf eines Menschen, der ausschließlich über die Meere segelt. Ohne poetisieren zu wollen, war es jedoch auch Aufgabe der Matrosen, Zeugnisse der „Außenwelt“ mitzubringen. Immer wenn sie von ihren Reisen über die Adria, das Mittelmeer, die Ostsee und Nordsee zurückkehrten; sooft sie den Suezkanal und Atlantischen Ozean durchquerten, der sie in das kommunistische Kuba führte, brachten die Matrosen nicht nur Rohstoffe und Waren für die Industrie mit, sondern auch einige delikate Gegenstände aus den für uns unerreichbaren, verborgenen Welten. Zucker für den Staat und Korallen für uns ... hauptsächlich waren es Gegenstände, welche die Menschen bei besonderen Anlässen oder Extremsituationen verwendeten, zum Beispiel bei einer Hochzeit oder einer Krankheit.

Wie all die Dinge, die damals im Lande nicht zu finden waren, hat auch mein Kreuz seine kleine Geschichte. Es war aus Edelstahl, zeigte den Gekreuzigten und die Initialen „INRI". Ich trug es an einem Band, jenem gleich, an dem wir unsere Schlüssel trugen. Nur meine vertrauten Freunde durften es sehen. Für andere, einschließlich nahe und ferne Verwandte, blieb der um meinen Hals hängende Christus verborgen.

Meinem Christus wurde die Möglichkeit, irgendeines seiner Wunder zu tun, nicht gegeben. Auch meine Sünden würde er nicht auf sich nehmen. Vermutlich, weil sich meine Familie des Vertrauens des Derwischs erfreute: Wir waren Bektaschi, Charaktere wie jene, die Danilo Kiš beschreibt: tolerante und aufgeschlossene Menschen; Geschöpfe, welche die Lehre der Propheten durch Dichter kennenlernten, die zwar Muslime waren, ihre Poesie aber Jesus Christus widmeten. Anstelle jener Gebote, die uns von jeglicher Versuchung fernhalten sollten, rieten unsere Dichter uns, keine Jäger im Leben zu werden. *Lieber Opfer, als Jäger*, schrieben sie. Mehr oder weniger, wie in den Versen des mystischen Dschalal ad-Din Muhammad Rumi.

Aber mein Christus sollte das Wunder wiederholen über das Wasser zu gehen. Weder barfuß, noch in Sandalen, wie er auf Ikonen dargestellt wird. Mein Christus kam mit dem Schiff meines Vaters. Nach vielen Fehlschlägen, mir ein Jesuskreuz aus Varna in Bulgarien, aus Triest in Italien, aus Danzig in Polen oder von Gibraltar zu besorgen, gelang es ihm, mir eines aus Split mitzubringen. Das von mir lang ersehnte Geschenk hatte mein Vater nicht so verpackt, wie es ihm gebührte. Er brachte es geradezu versteckt ins Haus, in einer Packung Margarine der Marke Gama, die er zerschnitten und wieder zusammengefügt hatte, so dass man nicht erkennen konnte, was sich darin verbarg. Versteckt in der Form gehärteten Pflanzenöls, war Christus nicht nur unsichtbar für die Instrumente der Zollkontrolle, sondern auch bereit zum neuen postindustriellen Martyrium. Mein Vater legte das Kreuz in meine Hand, mit der gleichen Leichtigkeit, wie er mir immer kleine Münzen gegeben hatte, wann immer er von seinen Seereisen zurückkehrte.

Ich hatte auch nicht erwartet, dass er es mir um den Hals hängen würde. Seine einzigen Worte beim Übergeben des Kreuzes waren: *„Hätte ich in Split nicht einen albanischen Schmied ausfindig gemacht, wäre es sehr unwahrscheinlich gewesen, dass ich dir dieses Mal den Christus hätte mitbringen können.“* Seit diesem Tag veränderte sich meine Beziehung zu den Menschen, die ein Kunsthandwerk beherrschten.

ÖSE EINER NADEL

Im März 1967 erließ Hoxha das Religionsverbot und verfügte die Schließung der Glaubensstätten. Also durfte ich von meiner Geburt im Februar 1966 an nur ein Jahr mit „Gott" verbringen. Hoxhas Reformen führten in jenem Jahr zu Unruhen unter den Gymnasiasten von Durrës, die einen Sturm der Empörung entfachten, der alles hätte hinwegfegen können.

Die Anreden „Herr" und „Frau" wurden abgeschafft, man begrüßte sich mit „Kamerad" oder „Genosse". Der Eintrag der Religionszugehörigkeit im Ausweis wurde gelöscht, damit nichts mehr an Gott erinnerte. Namen religiöser Herkunft für Neugeborene wurden untersagt, stattdessen bekamen sie gute sozialistische albanische Namen wie Lumturi („Glückselige"), Drita („Licht") oder Flutura („Schmetterling"). Dazu kam die Zerstörung der Kirche Sankt Vlash am Rande der Stadt, in der ein Stein aufbewahrt wurde, von dem die Menschen glaubten, er könne Wunder vollbringen. Aus der Moschee wurde ein Kulturhaus, unter ihrer Kuppel fand ein Restaurant seinen Platz.

Aber warum Durrës?

Die geographische Lage machte Durrës nicht nur zum Zentrum des nationalen Verkehrs, sondern auch zur ersten albanischen Vorzeigestadt für den kapitalistischen Westen. Durrës – Fassade und Aushängeschild des Staates. Diejenigen, die diese Stadt mit eigenen Augen, mittels Radars oder U-Boot-Periskops sehen durften, sollten die Vision einer prosperierenden, bewundernswerten Stadt bekommen, wie sie der römische Philosoph und Redner Marcus Tullius Cicero beschrieben hatte. Doch das war nicht genug ... Mithilfe der Stadt Durrës sollten die „Fremden“ sich ein Bild vom ganzen Land machen. Eigentlich war Durrës etwas freizügiger als andere Städte Albaniens. Wenn wir die Spur der überwachten Oase der Freiheit aufnahmen, stießen wir auf das „Interklubi“ mit Café und ein Duty-free-Shop, die Taverne des Hotels Adriatik, wo Jazz - und Rockmusik gespielt wurde, das Musik-Lyzeum und den Park Vollga, wo die Leute bis spät in die Nacht tanzten. Der Rest wurde geschlossen. Vor allem besaß Durrës einen Seehafen: den Ort, an dem Schiffe mit ausländischen Besatzungen verkehrten. Durrës war die Öse einer Nadel, durch die man in die Ferne sehen konnte. Durrës hatte einen Checkpoint, wo sich Menschen trafen, redeten, Waren schmuggelten, Ideen und verschlüsselte Botschaften mit aller Welt austauschten.

Ohne an solch einem Ort geboren zu sein, kann man sich nicht vorstellen, wie wichtig ein Hafen für die Lebensqualität einer Stadt ist. Vor allem, wenn die Entwicklung des ganzen Landes in vollständige Isolation mündet, indem es sich verschließt und gleichzeitig das Ideal des Andersseins und der Autarkie predigt. Gefangen in dieser Falle der Isolation, unternahmen die Menschen alles, was in ihrer Macht stand, um ihr zu entkommen. Obwohl es nicht erlaubt war, begannen sie auf ihren Dächern mehr und mehr Antennen zu installieren, vor allem auf Italien ausgerichtet, das für uns der Inbegriff des Westens war.

Außerstande, ein SOS an die Welt zu senden, warteten die Albaner jahrelang vergebens darauf, irgendeine Botschaft zu empfangen. Die Welt schloss nicht nur die Ohren, sondern auch die Augen vor diesen strukturellen Veränderungen im Herzen Europas. Es erreichten uns keine Botschaften. Jahrzehnte lang klagte keine internationale Institution die Regierung unseres Landes an. So wie die Welt Albanien außer Acht ließ, ignorierten die Albaner die Welt.

Während diese Ignoranz dem albanischen Regime zugutekam, das seine Macht nun frei ausüben konnte, fühlten sich die albanischen Bürger alleingelassen und waren zutiefst entmutigt.

ALLES AUS EIGENER KRAFT

„Wenn der Berg nicht zum Propheten kommt, muss der Prophet eben zum Berg kommen." Diese Botschaft lesen wir in einem Essay von Francis Bacon. In unseren Kontext übertragen meint das: Selbst wenn du dich verschließt und der Welt verweigerst, findet die Welt den Weg zu dir – mehr oder weniger, so wie das Wasser den Spalt findet.

Als Albanien versuchte, für sich zu sein und anders als der Rest der Welt, war es die Welt, die Mittel und Wege fand, zu uns, „den kleinen Uneinsichtigen des Balkans", durchzudringen und präsent zu sein. Wie schaffte man das? Durch Diplomatie? Durch Unterwanderung? Durch Ausstrahlung von Wellen, die beim Volk Unzufriedenheit gegen das Regime wecken würde? Nein. Durch alle die, welche Zeugnisse dieser Außenwelt mitbrachten.

Jene, die diese Jahre erlebten, müssten sich an die lang andauernde Periode erinnern, als sich das sozialistische Wirtschaftssystem in der Krise befand und überall ein Mangel an notwendigen Produkten, fortschrittlichen Technologien, Werkzeugen und vor allem menschlichen Kontakten herrschte. Das asketische Konzept der politischen Unabhängigkeit hatte das Land zur utopischen Suche nach wirtschaftlicher Unabhängigkeit getrieben. Die Konfrontation mit dem Kapitalismus und der Bourgeoisie verwandelte den Krieg der politischen und wirtschaftlichen Systeme in einen Krieg der Weltanschauungen. Die begrenzte Moral der zehn grundlegenden Punkte des Kommunismus sah, im Gegensatz zu den zehn Geboten Mose, die wirtschaftliche Autarkie als höchsten Wert an. Dafür standen politische Parolen wie: *„Unser Brot im Lande aus eigener Kraft sichern"* oder *"Alles im Lande produzieren mit umfassender Unterstützung der eigenen Kräfte".* Die Vorgehensweise: Verbot jeglicher Form von Krediten oder Fremdkapital durch die Verfassung und Beschränkung der Importe, *„mit Ausnahme absolut notwendiger Fälle für die wirtschaftliche Entwicklung und den sozialen Bedürfnissen".* Von der Liste der Partnerländer, mit denen Albanien Handel treiben durfte, wurden die *„kapitalistischen, revisionistischen oder zionistischen"* Länder wie die USA, Großbritannien, Sowjetunion, Israel, Südafrika und Westdeutschland gestrichen.

Auf dem Höhepunkt dieser Selbstisolation hatte Albanien seinen futuristischen Traum: die Wandlung des albanischen

Staates zu einer industriellen Supermacht – einer Supermacht der Energieerzeugung; einer Supermacht zur Gewinnung und Verarbeitung großer Mengen an Erdöl und Erdgas; einer Supermacht der Stahlproduktion; einer Supermacht des Mineralienabbaus und der Düngemittelherstellung. Am Fluss Drin, in Elbasan, in Ballësh, in Laç und in Rubik wurden Wasserkraftwerke errichtet; Kombinate, Fabriken, Raffinerien und neue Städte für Arbeitskräfte wurden gebaut.

Um diesen Traum eines „David" – den des marxistischen Albaniens – glaubhaft darzustellen, schwitzten albanische Schriftsteller für den „sozialistischen Realismus" wie Stahlarbeiter an den Hochöfen. Schriftsteller der Dystopie wie Kafka, Huxley oder Bradbury hätten alles gegeben, um eine Einreiseerlaubnis für dieses Land zu erhalten, in dem die Realität jegliche fieberhafte „Fiktion" übertraf. Doch keinem dieser dystopischen Schriftsteller gelang es. Ebenso wenig gelang es den sozialistischen Schriftstellern dieser Periode, sich mit unsterblichen Werken zu verewigen und Weltruf zu erlangen.

Das Bild des „einsamen Leuchtturms", der in die vom Sturm erfasste Welt hinausstrahlte, war eine der beliebten Metaphern. Ich mag diese Metapher nicht entschlüsseln, die den Wert des Leuchtturms nicht nur darin sieht, dass er existiert und Licht aussendet, sondern in der Tatsache, dass er unzähligen verirrten Schiffen Orientierung bietet, sie in Stürmen rettet, indem er sie in den sicheren Hafen leitet. Doch diejenigen, die von unserem sozialistischen Leuchtturm angezogen wurden, waren keine orientierungslosen Schiffe. Es waren nur einige wenige marxistisch-leninistische Gruppen und einige „Kryptotouristen".

Wir sahen sie in den Straßen meiner Stadt nur in kleinen Gruppen spazieren gehen, während sie sich in albanischen Agentenfilmen in Scharen versammelten. Jene „Touristen", die nur kamen, um die Schönheit unseres ideologischen Resorts zu genießen, waren für uns „die Anderen", „die Welt". Doch diese Menschen, in ihren Ländern unzufrieden von der Ungerechtigkeit des Kapitalismus, der wie eine Manufaktur die „Seide" produzierte, um das Gewissen der „Einsamen" sanft einzuspinnen, schlugen übertriebenen Stolzes den Weg hin zu einer besseren Gesellschaft ohne Klassen ein, in der jeder *„entsprechend seinen Fähigkeiten"* arbeitet und *„entsprechend seinen Bedürfnissen"* entlohnt wird. Solche Touristen besuchten uns. Im Gegensatz dazu wurde das Ausreisen aus Albanien als ein absolutes Privileg betrachtet, das erst verdient werden musste.

DRAUSSEN

Für die meisten Albaner jener Periode klang das Wort „draußen" nach Toponymie, wie ein Ort im geoemotionalen Raum. Orte „draußen" hatten einen Klang wie „Atlantis". Besonders bewundernswert waren „die Menschen, die nach Draußen gingen". Trotz der gegen „sie" gerichteten Eifersucht wurden sie insgeheim verehrt, als hätten sie eine Pilgerreise zu heiligen Stätten unternommen oder einen Fuß auf den Mond gesetzt. Sie brachten Zeugnisse der Außenwelt mit, um uns zu beweisen, wahrhaft „dort draußen" gewesen zu sein. Die Ankunft der

Gegenstände „des Draußen“ in unserer Welt hatte nicht geringe Ähnlichkeit mit Marco Polos Rückkehr von Kublai Khan. Wir sahen sie nicht als gewöhnliche Objekte materieller Natur an. Für uns waren sie Symbole, Zeichen und Codes aus einer anderen Welt außerhalb der unseren, welche wir, da sie uns fremd war, idealisierten. Gegenstand des Fetischismus wurden nicht nur besondere Objekte, sondern auch wertlose Dinge des täglichen Gebrauchs wie Plastiktüten. Nicht auf Grund des Mangels an Gebrauchsgegenständen wurden sie so sehr verehrt, sondern weil sie mit den Namen europäischer Städte bedruckt waren.

Trotz aller Freude über willkommene Mitbringsel wagten nur wenige nach dem Preis zu fragen, den die bezahlt hatten, die nach „draußen“ gingen, den „Stacheldraht“ überwanden und wie Kolumbus und Hernán Cortés neue Welten entdeckten. Welcher Tribut wurde den Diplomaten, Schriftstellern, Sportlern und wenigen Studenten, den Folkloregruppen, die an Festivals teilnahmen, den Seeleuten und Fahrern der Lastzüge mit „TIR“-Kennzeichen, auf deren Planen das Wort *„Albanien“* zu lesen war, abverlangt? Was erwartete man von ihnen? Schweigen? Verhöhnung des Westens? Oder nur ein *veni vidi vici*? Eine Beschreibung oder einen Routinebericht voller Spott über den Kapitalismus und voller Lob des siegreichen Sozialismus? Oder etwas mehr als das?

AUSSERIRDISCHE

Als die sozialen, kulturellen und technologischen Kontakte abgebrochen und den „Anderen" alle Türen verschlossen worden waren, waren es nicht Menschen, sondern Gegenstände und Werkzeuge, die uns bewusst machten, dass um uns herum noch andere Welten existierten. Mittels ihrer Produkte erschufen wir in unserer Phantasie die Außenwelt und fanden eine eigene Kommunikationsform mit ihr.

Es mag seltsam klingen, doch obschon zu jener Zeit kein Russe, Italiener, Deutscher, Amerikaner oder Engländer Albanien betreten durfte, konnten uns ihre Produkte erreichen. Um in diesem Klima der Isolation überleben zu können, verwandelten sich diese Völker, Nationen und Kulturen in unserer Vorstellung in eine Vielzahl von Gegenständen, die dann symbolhaft für sie standen.

Die Anwesenheit der „fremden" Objekte in unseren Häusern erzeugte eine Mythologie. Darauf basierend wurde eine Nation geboren und eine seltsame Theorie über die mächtigen Rassen entwickelt. Im Gegensatz zu anderen rassistischen Theorien hatte unsere Theorie nicht die genetischen Merkmale der Rassen zur Prämisse, sondern die Qualität der Gegenstände, die sie herstellten. Je nach Produktionsqualität der uns erreichten Gegenstände kam „unsere Theorie der Rassen und Arten" zu der Schlussfolgerung: „Die deutsche Ware ist unsterblich, Russland besitzt starke Waren, der Amerikaner legt Wert auf Größe, das Italienische ist einfach schön, der Engländer ist Gentleman, der Tscheche präzise und der Rumäne ... na ja geht so."

Dies war der Rahmen. All diejenigen, die man erwähnte: „der Deutsche", „der Russe", „der Italiener", „der Engländer", „der Tscheche" und „der Rumäne", ähnelten ausgelöschten Völkern, wie denen des Lot, von Ad und aus Ubar. Bei der Flucht hatten sie wohl vergessen ihr Hab und Gut mitzunehmen.

Spuren einer ähnlichen Flucht fanden sich in unseren Häusern. Die große Sowjetunion zum Beispiel hatte Albanien im Juni 1961 verlassen, mitsamt den U-Booten, aber in unseren Häusern verblieb das Radiogrammophon „Ural", zusammen mit einigen klassischen Schallplatten. Deutschland, das „demokratische" Deutschland, also die DDR, konkurrierte mit seinem Fahrrad MIFA, auf dessen Stange auch meine erste Liebe saß.

Es war eine separate Geographie – eine durch Gegenstände erschaffene Welt. Die Länder hingen an den Wänden, wurden an die Türen genagelt oder standen unbeweglich auf dem Tisch. Jedes von ihnen hatte seine Geschichte der Anreise. Durch diese repräsentativen Gegenstände ad interim fügte sich unser Kontinent wie ein Puzzle zusammen. Das Jugoslawien des Marschalls Tito, vertreten durch den Kühlschrank Obodin. China war anwesend durch Kunststoffspielzeug, Seidentücher, Fayencen und Porzellanfiguren, die wir als Zierobjekte rund um das Haus ausgebreitet hatten. Ungarn wurde durch die Schlösser Tutius und die Schlüssel Elzett, die wir als Kinder um den Hals trugen, repräsentiert. Die Tschechoslowakei zeichnete sich durch das Rasiermesser Astra aus, dessen Klinge das Ende unserer Kindheit einläutete und uns als verantwortungsbewusste Männer auswies. Rumänien war nur durch seine zyklopenhaften Waschmaschinen, „mit einem Auge“ anwesend. Aus Polen hatten wir die Schiffe der Flotte, und was Bulgarien anging, bin ich mir zwar ziemlich sicher, dass es vertreten war, doch wodurch kann ich mich nicht entsinnen.

Diese Gegenstände, die unsere Häuser erreichen konnten, traten in Wettstreit miteinander. Ein Haus war nie nur ein Haus. Es war eine enge Welt, aber eine Welt ohne Grenzen, während das Passieren der realen Grenzen verboten blieb.

Aber obwohl sie nicht ganz leer war, etwas Wichtiges schien unserer aus importierten Gegenständen erstellten multikulturellen Welt zu fehlen: ihre Schöpfer und Hersteller – Menschen aus diesen Ländern. Man bekam das Gefühl, als streckten sie ihre unsichtbaren Hände aus, um uns aus der Ferne zu berühren. Diesen „Außerirdischen“ begegneten wir, wenn wir ihre Gegenstände oder Werkzeuge reinigten oder pflegten.

DIE HÄNDE DER MEISTER

Und was hat sich bis heute verändert? Was hat sich verändert seit der Zeit, als Albanien seinen industriellen Supermachttraum träumte? Ich habe meinen Kindern eine ehrliche Antwort zu geben, wenn sie mich fragen, ob es tatsächlich eine Zeit gab, in der Nahrungsmittel, Drähte, Lampen, Zelte, Betten, Nägel, Papier, Ziegel, Getränke, Heizungen, Trikotagen, Geschirr, Waffen, Funkgeräte, Teppiche, Öfen, Kunststoffe und Kunststoffprodukte, Hausrat, Fliesen, Schuhe, Stoffe und viele andere Güter, nach dem Prinzip *„auf der eigenen Kraft basierend“* im eigenen Land produziert worden waren. Nostalgie spielt keine Rolle, wenn ich sage, dass von der damaligen Welt der Meister und Handwerker nur noch ein Häufchen überlebt hat. Fast alles ist zusammengebrochen, was nur zusammenbrechen kann – sogar die Ideologie. Der Wunsch etwas selbst zu schaffen, ist fast verschwunden, zusammen mit den Händen der damaligen Meister. Das Bestreben, ein Handwerk zu beherrschen, Fähigkeiten und Fertigkeiten zu besitzen, um mit ihrer Hilfe Möbel, Objekte und einfache, notwendige Werkzeuge herzustellen, scheint versiegt zu sein.

Was ist geschehen? Nach der Öffnung wussten die ehemals abgeschotteten Kulturen nicht, wie sie sich gegenüber einer von globalen Beziehungen bestimmten Welt verhalten sollten. Sie nahmen eine fatale Position ein. Sie warteten nicht auf eine Abwertung von „außen“, sondern werteten sich selbst ab. Sie nahmen alle Schuld auf sich und demontierten sich selbst, als hätten sie sich und dem Rest der Welt nichts anzubieten. So geschah es in Albanien, das in den ersten Tagen der Demokratisierung den einstigen Industrietraum durch Geschenketräume von „Blankoschecks“ aus dem Westen ersetzte. Ohne vorbereitet zu sein, wendete es das Konzept „Uhren-auf-Null-Stellen“ an und erhoffte einen „Marshallplan“.

In Bezug auf die Berufe und Handwerke wurde Durrës, die Stadt, wo ich geboren wurde und eine Familie gründete, nach Jahrtausenden der Existenz als multikulturelle Gesellschaft, ironischerweise in eine offene Stadt verwandelt – jedoch in eine monokulturelle. Trotz etablierter Handwerke sanken fast alle ihre Bürger zu Geldwechslern, Auto- und Kleinhändlern ab.

Die Stadt begann ihre Einstellung zu sich selbst zu ändern, so wie die Bürger begannen, ihre Selbstachtung zu verlieren. Die erste Änderung: das Verbergen der alten Spuren und die Wandlung zu einer modernen Stadt, einer Metropole. Lange Rohre drangen in ihren historischen Boden ein, pressten Beton bis tief in die Erde – dorthin, wo sie seit Jahrhunderten ihre archäologischen Schätze bewahrt hatte, besser als ihre Bewohner. Mit eigenen Augen sah ich, wie jene Rohre mit metallischem Schimmer dröhnend hinab in die Erde fuhren und rot verfärbt emporstiegen. Dies ist keine Metapher. Es war die Farbe der majestätischen Mauern, die Durrës umgaben und im 6. Jahrhundert vom byzantinischen Kaiser Anastasios I. – dort geboren – erbaut worden waren.

Die zweite Änderung: die Explosion des Egoismus – die am Strand erbauten „Wolkenkratzer“ überschritten die symbolische Höhe der Hügel von Durrës, die bis zu diesem Zeitpunkt als natürliche Begrenzung der Stadthöhe galt. Die aus dem Herzen der Erde ragenden Wolkenkratzer verletzten den stillschweigenden Gesellschaftsvertrag der Generationen, der besagte, dass kein Gebäude der Stadt höher sein durfte als das Kreuz auf der Kirche oder der Halbmond auf der Moschee. Danach war es nicht schwer, weitere Grenzen zu überschreiten.

Immer, wenn ich durch die Straßen der Stadt schlendere, versuche ich historische Stätten und Zeitzeugen ausfindig zu machen: den Fischmarkt, Läden für Seide, Werkstätten, die Segel reparierten, die Gerbereien, Läden die Netze knüpften, Schneider, Schuster, Goldschmiede, zwei restaurierte Herbergen oder die Eingangstore der Stadt. Aber ich kann das Rad der Zeit nicht zurückdrehen. Auch verstehe ich nicht, warum ich immer noch die Straßen dieser bereits angepassten Stadt durchstreife. Der Blick in Schaufenster und auf die Werbung zeigt, dass die Stadt durch die Wandlung zur Konsumgesellschaft schließlich Teil dieser Welt und ihrer „kulturellen Hegemonie“ geworden ist. Als habe es keine Vergangenheit gegeben, hat Durrës seinen Charakter verloren – das, was eine Stadt einzigartig macht.

Doch was lässt mich auf die Suche nach diesem mir unbekannten „Etwas“ gehen und hoffen, ihm in Straßen, Ecken und Winkeln der Stadt zu begegnen? Bin ich unbewusst auf der Suche nach einem Goldschmied oder nach jemandem wie jenem Mann aus Split, der einst meinem Vater den gekreuzigten Christus gab? Aber vielleicht hat auch Split, wie meine Stadt und viele andere Küstenstädte der Adria, bereits begonnen sein authentisches Gesicht zu verlieren.

Nach den bisherigen schlechten Erfahrungen wagen es nur wenige, für sich und anders als die restliche Welt zu sein. Nach zwanzig Jahren hat sich vieles verändert. Einiges zum Schlechten, manches zum Guten, manches zum Besseren. Aber was hat sich in Bezug auf den Glauben in meiner Stadt verändert? Wir haben jetzt mehr Kirchen, mehr Moscheen und heilige Orte. Mehr freie Tage – aufgrund wiedereingeführter religiöser Feiertage. Mehr Gläubige sind es jedoch nicht geworden. Es reicht ja, die Glocken von den Bürgersteigen aus zu hören und den Ton des Fernsehers leiser zu stellen, um die Stimme des Muezzins zu vernehmen.

Ich fühle mich wie ein Fremder in meiner Stadt. Anstelle jener Menschen, die sich mit Namen kannten und mit der Historie ihrer Stadt vertraut waren, sehe ich nun Menschen, die einander und ihrer eigenen Stadt fremd sind.

Die Christusfigur auf meinem ersten Kreuz, das ich immer noch aufbewahre, hat begonnen sich zu bewegen, als wolle sie jeden Moment abfallen. Vielleicht braucht es nur einen Klebstoff, vielleicht auch einen Meister, der noch weiß, welche Materialien für die Verbindung des stählernen Kreuzes mit dem silbernen Christus gebraucht werden. Doch ich weiß, wie auch der Lachs, pflegt der Mensch eine Besonderheit: an den Ort seiner Geburt, an den Ort seiner Erinnerungen kehrt er immer zurück.

GEBOREN IN DER PROVINZ

EIN GESCHENK MIT NAMEN DURRËS – EINE STADT MIT DEM RÜCKEN ZUM MEER

GEBOREN BIN ICH nicht in der Hauptstadt, sondern in der Provinz. Jedoch nicht in einer allzu puren jungfräulichen Provinz, sondern in einer, die den Genuss des Hauptstadtseins erlebt hat. Ich bin am Gestade der Adria geboren, in einer Stadt, wo die Besonderheiten der von den Eltern vererbten Kultur noch zu erkennen sind: mediterrane Adern und balkanische Venen. Ich bin geboren in Durrës – einer Heimat, die, als es ihr passte, sich als Zentrum präsentierte und wenn es notwendig wurde, als Vorort darzustellen wusste.

Bedroht vom Meer, begehrt vom Hinterland, geschätzt von Ausländern, nicht immer von den eigenen Bewohnern. In Durrës wurden nicht nur Einheimische und Fremde massakriert, verstümmelt und vergraben, sondern auch die Statuen. Hier waren ursprünglich die Römer und später die Osmanen, die 1501 Albanien eroberten. Jene, welche es lobend erwähnten, darunter der römische Dichter Titus Maccius Plautus aus dem dritten Jahrhundert vor Christus und Shakespeare, verliehen Durrës Ruhm und Anerkennung, während der Stadt durch die Eindringlinge eine schwerwiegende Strafe widerfuhr: Die Wandlung zu einem verlorenen, entvölkerten Dorf. Auch erfuhr sie das Bitterste, das einer Küstenstadt zustoßen kann – die Feindschaft mit dem Meer, es als ein Einfallstor zu erfahren, durch welches das Schlimmste, Unheil, Feinde eindrangen. Die schmeichelhaften Worte Ciceros, der mehrere Monate dort verbrachte und meinte, Durrës sei eine *freie und treue Stadt*, hinterließen einen süßeren Nachklang als die bitteren Erinnerungen von Julius Caesar, der in *Bellum Civile* den Felsen *Petra* erwähnte, irgendwo am sandigen Ufer von Durrës, wo seine Armee jener des Pompeius unterlag. Das sollte als erste Vorstellung von Durrës genügen, meine Damen und Herren, Ladies und Gentlemen, Signore und Signori, Mesdames und Messieurs.

Uns muss bewusst sein, dass es eher als ihre Einwohner die Fremden, vornehmlich die Eroberer waren, die der Stadt ihre Namen gaben: *Drač* von den Serben, *Traj* von den Osmanen, *Durazzo* von den Italienern ... Mir gefallen jedoch nur drei: EPIDAMNOS – DYRRACHION – DURRËS. Weil es nicht nur Stadtnamen sind. Diese Namen stehen nicht nur in Reiseführern, sondern auch in Schulregistern und in Patientenkarteien.

Bei einem Spaziergang in den Straßen dieser Stadt hört man plötzlich jemanden rufen: „Epidamn vergiss nicht, auf dem Heimweg Brot zu kaufen!" Es ist nicht ungewöhnlich, Mütter am Ufer ihre Kinder bitten zu hören: „Dyrrah, geh nicht zu weit ins Meer hinaus, sonst ertrinkst du!" Weder kenne ich sie, noch möchte ich mir die Gründe ausmalen, welche die Bewohner dieser Küstenstadt dazu bewegen, ihren Kindern noch immer diese Namen aus der Zeit des Kommunismus zu geben. Vielleicht, damit sie die Kunst des Überlebens lernen.

Wie konnte diese Provinz, die wie ein Korn zwischen zwei großen Mahlsteinen erscheint, nicht zerrieben werden – zwischen den ältesten Zivilisationen des Mittelmeerraums – den antiken Griechen und den Römern? Wie konnte sie in den

Jahrhunderten dieser Hassliebe überleben? Das Rezept war einfach – sie passte sich an. So wie diejenigen, denen das Leben eine wichtige Lehre erteilt hat: zu sein heißt auch, etwas zu besitzen. Von welchem Besitz ist die Rede?

Viele Städte sind mit Ruhm gesegnet, andere mit Reichtum und Luxus – meine Provinz vor allem mit Erinnerungen. Und die Friedhöfe der Erinnerung sind mit Phosphor versehen, sie leuchten.

Wie ein Keimling, der überall gedeiht, wuchs Durrës von den Hügeln hinab auf das Meer zu, wo es bis heute verharrt, was der Stadt die Erscheinung eines an der Mole vertäuten Schiffes verleiht. Die Geschichte der Provinz, in der ich geboren wurde, mag wie eine Ballade klingen, niemals jedoch wie ein süßes klangvolles Sonett...

THALASSOKRATIE

Meine Damen und Herren, Ladies und Gentlemen, Signore und Signori, Mesdames und Messieurs...

Es klingt wie aus einem Märchen, doch lassen Sie mich an eine Zeit erinnern, als meine Stadt alles selbst produzierte, so wie es einer alten Stadt zusteht. Dieses „alles“ wurde im Gewerbegebiet produziert. Was mich an diesem Gebiet faszinierte, war nicht die Gummi- und Plastikfabrik, in der Fußbälle und Sportschuhe, Imitationen der Marke „All Stars“, hergestellt wurden; es war nicht das Werk, in dem die Fernseh- und

Radiogeräte produziert wurden, die man an den Strand mitnahm, um die *Top-Ten*-Sendung der albanischen Popmusik zu hören; nicht das Unternehmen, das Backsteine produzierte, mit fast der gleichen Technologie wie im Mittelalter. Die Chemiefabrik, in der wir Kinder uns den „Rohstoff" für die selbstgebastelten Feuerwerkskörper sicherten, vor allem nach dem Bruch mit China im Jahr 1978; sie war verlockend, aber nicht mein Favorit. Auch nicht die Backwarenfabrik, Süßwarenfabrik oder die Eisfabrik – die „surrealste" aller Industriebauten in meiner Stadt. Der Betrieb, der mich am meisten anzog, war die Werft, in der alte Schiffe repariert und neue Wasserfahrzeuge gebaut wurden. Hier schuf meine Stadt etwas Lebendiges. Ein Schiff in einer Werft zu bauen, glich in meiner Phantasie einer Heimwerkstatt, wo man täglich einen Pinocchio erschuf, dem man nicht „gehe", sondern „segle" befahl.

Trotz meiner Liebe musste der Teufel mit im Spiel sein, denn alle Werften, die ich besuchte, hatten etwas Nekrophiles an sich. Die neuen Schiffe nach unten gekehrt, zerrissen, in Stücke gebrochen, innerlich leer wie ein Skelett, erinnernd an die Poesie *Einsamer nie* von Gottfried Benn. Während die älteren Schiffe dort auf einem hölzernen Gestell noch zu finden sind, das mich eher an die Krücken der Invaliden erinnerte, veränderte sich die Atmosphäre durch die Fischerboote im angrenzenden kleinen Hafenbecken.

Die Fischer hatten mediterrane Vegetation an Deck: Kakteen, Philodendron Monstera, Ficus und Geranien. Die Zuneigung der Fischer zu den Pflanzen wurde deutlich, wenn es auf See um die Aufteilung des Süßwassers ging. Präzise, tägliche

Rationen: drei Teile für einen selbst, ein Anteil für Geranien und andere Pflanzen, die wenig Wasser brauchten. Warum zogen Fischer meiner Stadt echte Pflanzen an Deck auf? Fühlten sie sich mit Blumen und Pflanzen verbunden, oder interessierte sie mehr die Erde in den Töpfen, ein Element, das eine Verbindung mit dem Land darstellte? Der Blick auf die Werft, durch diese Vegetation, die sich zwischen Metallrost und astlosen Stämmen immer weiter ausbreitete, verstärkte den Eindruck, sich auf einem Friedhof zu befinden, wo Blumen wild wachsen und für ihr eigenes Überleben sorgen. Ob noch einer von den mitfühlenden Matrosen am Leben ist, die etwas vom Land aufs Meer mitnahmen? In den Straßen begegnete ich ihren schwarzen, im Seemannsstil schief getragenen Baretten nicht mehr. Auch die langen Pfeifen, die sie am Mast ausklopften und ihre knielangen Gummistiefel vermisse ich.

In der Kneipe *Detari*, sah ich zum letzten Mal, wie pensionierte Veteranen sich mit jüngeren Kapitänen der Marineschule unterhielten. Hafenarbeiter, Schiffsjungen und Lastträger der Häfen waren ebenfalls anwesend, mischten sich jedoch nicht in die Veteranengespräche. Sie tranken, lachten, mal anwesend, mal abwesend. Wollten sie zeigen, dass die auf dem Meer herrschende Hierarchie nicht aufgehoben wurde, nur weil man trockenes Land betreten hatte? Wo sind heute diese Menschen, die es nicht als notwendig hielten, sich als Seemann vorzustellen? Es genügte zu sehen, wie sie beim Betreten des Festlandes leicht taumelten, als seien sie noch an Deck eines Schiffes. Und das albanische Wort „kap/zë" scheint mir nur drei Sachverhalte zu benennen: 1. „berauscht vom Alkohol", 2. „berauscht vom

Meer“, 3. „berauscht vor Liebe“. Wo ist die Seeflotte Albaniens geblieben? Wo all die in jener Werft gebauten Schiffe?

Eine „Seeschlacht von Lepanto“, in der wir unsere Flotte verlieren konnten, hatten wir nicht. Jeder weiß, was ich nicht wahrhaben will: Nach neunzig Jahren war den albanischen Schiffen, welche einen Adler auf dem Bug trugen, ein Schicksal beschieden wie den Walen – in Stücke geschnitten und als Schrott verkauft, als Materie, welche die Metallurgie, wie einst das Fett der Wale, benötigte.

Nach der Schließung der Kneipe Detari und ihrer Umwandlung in ein Mini-Casino – typisch für das heutige Bild der Adriastädte – scheint es mir, als habe ich die erzählten Szenen in einem Film gesehen oder geträumt. Niemand würde mir glauben, wenn ich davon erzählte. Und immer seltener kann ich mich davon überzeugen, tatsächlich die Straßen meiner Kindheit zu begehen, wenn ich durch Durrës schlendere. Es gibt zwei Durrës für mich: Das eine, das in Form von Linien und Furchen in meinem Kopf existiert, und das andere, das anstelle des ersten getreten ist, in meinem Herzen aber keinen Platz findet.

Die Spuren der marinen Erinnerungen in dieser Stadt verblassen mit der Zeit. In der Kneipe Detari, wimmelte es von lokalen Mythologien, und man verließ sich für die Wettervorhersage eher auf die Knochenschmerzen als auf meteorologische Messgeräten und die Hafenmeisterei; Heldentaten im Meer wurden nur hyperbolisch dargestellt, und nach dem Schließen der Kneipe blieb mir nichts übrig, als auf dem alten Stadtfriedhof Spuren meiner maritimen Provinz zu suchen.

Dies ist mir zur Gewohnheit geworden. In Städten, die ich liebe, besuche ich nicht nur die Straßen, Museen und Cafés, sondern auch die parallele Stadt – den Friedhof, den Ort, wo mit den Menschen ihre Berufe in Frieden ruhen. Doch auch dort habe ich keine sichtbaren maritimen Zeichen gefunden. Weder ein Wort noch einen Titel. So sehr ich es mir auch gewünscht hätte, auf den Grabplatten „Matrose", „Seemann" oder „Kapitän" zu lesen. Aber nein. Auf dem Friedhof meiner Provinz konstatiert man, dass zwischen Zahlen und Buchstaben keine Vorrangstellung existiert. Auf den Grabsteinen werden keine Berufe geschrieben, lediglich das Datum, Monat, Jahr, der Name des Verstorbenen sowie ein Hinweis darauf, wer den Grabstein bestellt und bezahlt hat. Das soll keine Kritik sein. Wenn man stirbt, lässt man seinen Beruf hinter sich und begibt sich erleichtert in die andere Welt. Die Küstenbewohner wussten dem Meer zu geben was dem Meer gehörte, und dem Land, was dem Land gehörte. Diesmal haben sie Recht: Wer in der Erde vergraben wird, ergibt sich ihr und wird von ihr beschützt. Auch keinen einzigen Anker habe ich auf einem Grabstein eingraviert gefunden. Nicht einmal ein kleines Schiffsruder konnten meine Augen identifizieren. Weder Fotos von Menschen in Marineuniformen oder gestreiften Matrosenhemden, noch in schwarzem Mantel mit sternenbesetzter Epaulette oder goldenem Anker am Kragen und Epaulette mit goldenen Bändern. Ich hätte durchatmen können, wenn statt der auf den Gräbern zu lesenden Formeln „Geboren – Gestorben", zu lesen gewesen wäre: „Ertrunken... – Verschwunden im Meer...". Doch keine Sirene, keine Meerjungfrau, keinen Kompass, kein Steuerrad oder Seepferdchen, keine Wellengravur oder Schiffssilhouette, keine Seemannsknoten haben meine Augen entdecken können, wie ich sie etwa auf den Gräbern der Seeleute des „Cimetière marin“ in Sète, Südfrankreich, gefunden habe.

Auch in der Stadt sind nur wenige Spuren des Zusammenlebens von Meer und Mensch und seiner Liebe zu den salzigen Gewässern zu finden. Zwei schwere, alte Anker, die wie schöne Ohrringe an der Fassade des Hafen-Kino-Theaters hängen, welches einst den Namen des Staatsführers Enver Hoxha trug, könnten einem maritimen Museum als erste „Trophäen“ dienen. Mein Traum zerplatzte, als im Frühjahr 2013 auch das einzigartige Gebäude der Zigarettenfabrik abgerissen wurde. Wenn nicht die Geschichte, so hat die Legende der Stadt das Recht zu sagen, dass im 17. Jahrhundert über ihren Hafen erstmalig Tabak nach Albanien importiert wurde. Dieses neunzig Jahre alte Wahrzeichen der Stadt fiel, um an seiner statt eine der vielen neuen Universitäten Albaniens zu bauen.

In diesem Gebäude wurden damals im Auftrag internationaler Tabakschmuggler Zigaretten der bekannten Marken Winston und Kent produziert. Selbst ein Romancier würde sich schwertun, glaubhaft zu machen, dass in Zeiten der Abschottung und eines ideologischen Puritanismus der albanische Staat selbst es war, der den internationalen Schmuggel begünstigte.

Die Gegenwart trägt ein anderes Gesicht. Durrës hat sich an Erschütterungen gewöhnt: Erdbeben und Bewohner sind seine Lehrer gewesen. Vermutlich weil ich in der Ferne weilte, hörte ich keinerlei Beschwerden der Bewohner gegen die Einebnung dieser Erinnerungen, dabei träumte ich davon, dass, wie in einem Bienenstock, auch andere Erinnerungen der Stadt einen Unterschlupf finden würden: das Maritime Museum, das Museum der Amphoren, das Museum der Fuß- und der Handabdrücke berühmter Menschen, die diese Stadt besucht oder über sie geschrieben haben. Doch meiner Provinz scheinen die klassischen Museen nicht am Herzen zu liegen, ebenso wenig wie die Euphorie, die auch eine Form von Protest ist. In ihrer Geschichte gab es keinen sichtbaren Widerstand gegen Invasionen, daher wird auch nicht erwartet, dass sie gegen die postindustrielle Besatzung protestiert. Mehr noch als Museen scheinen die Provinzen Erinnerungen an die Gezeiten ihrer Bewohner zu mögen. So gleichen die Erinnerungen der Einwohner meiner Provinz Honigwaben – jede Biene bringt Honig, manchmal auch ihren Stachel.

POSSESSIVPRONOMEN UND EINE POETISCHE ANLEITUNG

Sobald ich jemanden durch meine Provinz führe, übermannt mich das Gefühl, Herr dieses Raumes, Herr jenes einstigen Fürstentums zu sein. Es kommt mir vor, als erzählte ich von einem morgendlichen Traum, einem jener fast unglaublich erscheinenden Träume. So sehr hat sich diese Stadt verändert. Was nährt diese Empfindung? Ich weiß es nicht. Während ich führe und erzähle, fühle ich mich verpflichtet, für alles, was hier geschehen ist, die Verantwortung zu tragen.

Könnte es sein, dass in mir jenes Bewusstsein schlummert, das sich daran erinnert, was diese Stadt und Provinz über lange Jahre hinweg einmal war? Überkommt auch mich jenes Gefühl von falschem Stolz, wie ihn die Menschen aus berühmten Heimatstädten empfinden? Ich verstehe nicht einmal das Weshalb dieses Aufstandes, dieses atavistischen Gefühls, wenn meine eigene Provinz es kaum schafft, sich zu präsentieren, zu legitimieren und zu demonstrieren, ein VIC (*Very Important Center*) zu sein.

Wenn eigene Kennmarken fehlen oder verschwunden sind, klammert sich der Mensch an falschen Stolz, an die entsprechenden Sektoren aus der Geschichte, an Herkunft, Rasse und Religion, ohne zu merken, dass das alles so wenig Halt bietet wie das Ergreifen einer Wolke. Dennoch beginne ich zu verstehen, dass mir die Namen der Straßen, der Plätze, der damaligen Berühmtheiten nicht das Gefühl vermitteln, Souverän zu sein. Dieses Gefühl verleihen mir Pronomen. Besonders die Possessivpronomen. Unter ihnen ist das wichtigste Stimulans dieser Überheblichkeit das Pronomen „MEIN / MEINE", „MEINE Stadt", „MEIN Land".

Es bewirkt in mir immer das Gleiche: Ich reise zurück in der Zeit, umhüllt von Bildern vergangener Epochen, tauche ein zwischen Perioden der Herrschaft der Kaiser Trajan, Adrian und Diokletian, den Zeiten, in denen Durrës nicht nur existierte, sondern etwas vorzuzeigen hatte. Nichts Besonderes, aber auch nicht weniger als die freien Städte jener Zeit, nicht weniger als die Kolonien des Augustus und andere römische Provinzen: ein Amphitheater, eine Wasserleitung, die den Namen des stiftenden Kaisers trug, eine öffentliche Bibliothek... Welches Gewicht kommt dem Begriff „Öffentlichkeit" zu, wo jeder heute in dieser Stadt heißes Verlangen nach dem Wort „privat" verspürt? Damals besaß die Stadt den Status „Hauptstadt der Provinz Neuer Epirus", konnte Werkstätten, Handwerker und Künstler vorweisen, die mit ihrem Namen für ihre Produkte bürgten, sowie Mitbürger, die diese Produkte begehrten. Doch als hätte diese Erfahrung unguten Erinnerungen hinterlassen, hat sich Durrës entschieden, ein zurückgezogenes Dasein zu führen, als flüstere meiner Stadt jemand absichtsvoll ins Ohr: „Werde kein Zentrum! Bleibe lieber Provinz!"

Provinz? Meine Provinz umgab sich mit einer hohen, über 4000 Meter langen Mauer, die so breit war, dass nach Überlieferung der Chroniken zwei Paar Wachen gleichzeitig auf ihr patrouillierten. Etwas, das Schutz verdiente, musste dem Wunsch der Einheimischen zugrunde liegen, sich mit vier Kilometer langen Mauern zu umgeben. In diesen Mauern wachsen nun im Frühjahr zwischen dem Mörtel der Backsteine wilde Feigen und filigrane Blumen, die von der Gnade der Sonne und des Regens leben, nicht von menschlicher Pflege. In einer Lücke der alten Stadtmauer steht ein altes Haus, in dem noch immer Menschen leben, markant wie ein goldener Zahn im Mund. Daneben ragt ein herausforderndes Hochhaus empor, höher als die alten Mauern, höher als die Kreuze beider Kirchen und der Halbmond der Moschee im Zentrum der Stadt, das einem Stückchen der antiken Backsteinmauer „erlaubt", zwischen seinen beherrschenden Säulen aus Beton zu „parken". Ich muss es im Auge behalten.

Aber Sie wissen es nicht, meine Damen und Herren, Ladies und Gentlemen, Signore und Signori, Mesdames und Messieurs, dass in diesem Jahrhundert der Beton für meine Stadt zu einer Kletterpflanze wurde, die wuchert wie die Vegetation in den tropischen Wäldern und den Himmel meiner Stadt erobert. Währenddessen sitzen die Bewohner dieser Provinz weiterhin auf Bänken, gehen spazieren, spielen schweigend oder mit Palaver Schach, erledigten ihren Einkauf auf den kleinen Märkten, erzählen sich Segel- und Jagdgeschichten, welche Distanz und Leidenschaft vergrößern, wie eine Tauchermaske unter Wasser befindliche Gegenstände. Das Leben geht weiter ohne lautstarke Einwände, ohne Aufstand. Wenn es nicht fliegt, dann läuft das Leben eben, es schleicht dahin, um nur zu existieren, um zu beobachten, wie auf der Erde das immer gleiche Spiel gespielt wird; nicht weit entfernt davon, wo einst die Gladiatoren untereinander oder gegen Tiere kämpften, die von der afrikanischen Seite des Römischen Reiches kamen, findet man fast immer kleine Jungen, die mit ihren hölzernen Schwertern „Krieg" spielen. Warum genau dort?

Niemand kann es erklären. Dieses Unwissen gewährt eine licentia poetica. Wenn diese in Durrës aufgewachsenen Jungen neben dem Amphitheater – einem der prächtigsten Balkanbauten jener Zeit – mit ihren Schwertern gegenüber dem Tor Kabalilna spielen, bewahren sie in Form eines Spieles das, was einst Schlacht und Kampf waren. Unbewusst werden diese Jungs Hüter der Erinnerung an Rituale, wie sie die Statue von Kaiser Adrian, zu Pferde sitzend, gesehen hat, während zu seinen Ehren, unter denselben Mauern, Paraden abgehalten wurden.

Alles ist, wie es war. So ist das Leben in einer jahrtausendalten Provinz. Alles, was gewesen ist, bleibt bestehen. Jedoch in verklärter Form. All jene, die ihre Heimat verlassen haben, beschenken sie reichlich, in der Hoffnung, so die Sünde ihrer Abreise zu schmälern, wenn es schon nicht möglich ist, komplette Vergebung zu erhalten. Darum hegen die Bewohner dieser Stadt keinen Verdacht, wenn wilde, namenlose Blumen zwischen den byzantinischen Backsteinmauern einfach so blühen.

Mit dem Rücken zum Meer scheint die Stadt etwas von ihrem geheimen Groll gegen das Salzwasser zu bewahren. Gehört es zur Vergeltung, dass sie, am Rand des Meeres gelegen, ihre Nahrung nun vor allem vom Land bezieht?

NOSTALGIE

Ich muss eine Pause einlegen, mich vor einer Nostalgie schützen, die meine Provinz in die begehrteste Ecke der Welt verwandeln wird, vor der Poesie, die mich erfasst, sooft ich an die Heimatstadt denke. Ihren Namen verbinde ich mit den frühesten Ereignissen: dem eigenen Namen, dem Stammbaum, dem ersten Schritt, den ersten Worten, den Träumen von Geld, dem ersten Kuss...

Im Laufe der Jahre versüßen sich die Heimatstadterinnerungen wie ein gut gelagerter Wein, dessen Säure abnimmt, während er immer lieblicher wird. Danach beginnt die Idealisierung. Es macht sich der Wunsch bemerkbar, irgendwann dorthin zurückzukehren und sich auszuruhen. Einst haben wir jene Heimatprovinzen verflucht, ihnen den Rücken gekehrt, sie verlassen, sie für unsere Misserfolge, die Isolation und die engen Räume verantwortlich gemacht.

Also hatte ich mich gegen diese Nostalgie zu wappnen. Doch können wir ohne diese Idealisierung in Seelenruhe leben? Können wir aus den drei Möglichkeiten der Fortbewegung in dieser Welt – Kriechen, Gehen und Fliegen – nur die ersten beiden auswählen? Muss ich mich auf ewig Karl Popper ausliefern, wenn er sagt, Optimismus sei unsere Verpflichtung?

Die Erinnerungen an die Heimat ähneln gezähmten, heuchlerischen Tieren – den Nachkommen von Raubtieren, die wir in Haustiere verwandelten und ihnen heute Streicheleinheiten schenken, sie füttern, und die sich zum Zeichen der Dankbarkeit an unseren Füßen reiben.

Deswegen ziehe ich die Erinnerungen an den Schwimmunterricht, die erste Zigarette und an den ersten Schluck Alkohol – nicht aus einem Glas, sondern aus der Kaffeetasse, um meinen Flötenlehrer zu täuschen – den Stereotypen des eigenen Namens vor.

Meine Provinz war auch der Ort, an dem ich die erste Fremdsprache gelernt habe – die Musik. Um in der Welt Orientierung zu geben, wählte diese Fremdsprache das Ohr, nicht das Auge oder die Nase. Das Ohr war der Guru in der dualistischen Welt, in der ich lebte. Mehr noch als mit den PETROF - Klavieren, die sich in jedem Studienzimmer des Lyzeums befanden, freundete sich mein Ohr mit den Schiffsirenen der im Hafen ein- und auslaufenden Schiffe an. Düstere Töne in b-Moll.

Mit der Provinz verbindet mich auch die geheime Liebe: Um uns vor dem Auge der Welt zu schützen, bauten wir unser Nest, wo wir konnten; zwischen den Kiefern auf dem Hügel des Leuchtturms oder in den Bunkern, die zwar für den Kriegsfall geschaffen, jedoch eher als Unterschlupf für heimlich Liebende dienten.

Wäre ich von dieser Nostalgie befreit, könnte ich bejahen, dass meine Provinz nicht nur der Ort ist, an dem ich geboren wurde und wohnte, nicht nur das Örtchen, an dem ich leben und mich zur Ruhe setzen möchte. Sie ist für mich nicht nur ein Topos. Meine Provinz ist auch *Das Aleph* von Jorge Luis Borges.

Ich habe mich auch vor dem Gegenteil der Nostalgie zu hüten. Ich sollte mich vor dem verletzten, sturen Stolz bewahren, den die Provinz in ihren Eingeweiden trägt. Die Provinz ist wie ein infantiler Gott – eifersüchtig und rachsüchtig. Sie widersetzt sich dem Zentrum, weil sie keines ist und nie eines werden wird. Sie fordert das Zentrum heraus, wie ihre Bewohner die Hauptstadtbewohner herausfordern. Bei jeder sich bietenden Gelegenheit sprechen sie über das der Hauptstadt verloren gegangene Paradies: das unbeschwerte Leben, die saubere Luft, die Mittagspause, den fehlenden Verkehr und die friedliche Stille der Abende mit Mondlicht über dem Meer.

Doch in der Provinz geboren zu sein ist kein Privileg. Das dortige Leben ist weder eine Tugend, noch beinhaltet es ein Überlegenheitsgefühl anderen gegenüber. In der Provinz geboren zu sein bedeutet Glück. Glück, welches der Mensch in Unglück wenden kann. Provinziellsein hängt nicht vom Ort ab, sondern von der gewählten Lebensweise. Ich wurde aber dort geboren. Und ich weiß, warum ich mich wie ein Fisch fühle, der den Angelhaken noch im Maul hat.

Was haben wir bisher festgestellt? Dass die Provinz ein rachsüchtiger Gott ist, eifersüchtig wie ein verwöhntes Kind? Die Provinz ist auch ein unterkühltes Wesen. Man will sich in sie verlieben, jedoch erwidert sie diese Liebe nur selten. Wie der Tote, der den letzten Kuss niemals erwidert...

NO SOUVENIR

Es ist schwer, in meiner Provinz Geschenke zu finden – die Provinz selbst ist ein Geschenk. Aber es gibt doch einige, die Geschenke aus meiner Provinz mitnehmen wollen. Welche? Wohlgeformte Keramiken, die mit der gleichen Technik bearbeitet wurden wie Brotteig, oder Reproduktionen von Mosaiken der Stadt.

Obwohl die Berge fern von Durrës sind, können Touristen dort Adler kaufen, jedoch keine Möwen. Auch können sie günstig die Nachbildungen der Statue von Skanderbeg auf dem Pferd erwerben, wie auch raffiniert verarbeitete Dolche und

Schwerter. Sie können auch Bunker aus Alabaster, weiße Filzkappen, Puppen mit Hochzeitskleidern aus ganz Albanien mitnehmen. Sie können Taschen und Deckchen bestellen, Mutter Teresa, Mandolinen, Branntweinflaschen „Skanderbeg“, Schuhe, Glöckchen, Aschenbecher, jedoch kaum Geschenke mit maritimen Zeichen und Symbolen aus jenem Erbe, welches Durrës zu einer Stadt machte und nicht zu einem Wohnort.

Was sie mitnehmen können? Erinnerungen. Den Nachgeschmack am Gaumen. Die traditionellen Fischgerichte aus Durrës und lokale Gerichte der Seeleute. Heute findet man sie fast nirgendwo mehr, weder in den gedruckten Speisekarten der Restaurants am Meer, noch der Kneipen in den Nebenstraßen.

Alles, was einst auf den traditionellen Tisch gehörte, wird nun in dem italienischem *volgata*-Slang benannt, welchen die Stadt seit Jahrhunderten kennt.

Doch alles, was in dieser Provinz für die „Ewigkeit“ gedacht ist, kann sich als kurzlebiges Glück herausstellen. Dies ist kein Epigramm. Es ist ein Anstoß. Sowohl für die Menschen, die vorhaben Durrës zu besuchen, als auch für diejenigen, die dorthin zurückkehren. Das Leben scheint lang zu sein, doch es ist zu kurz. Beeilt euch meine Provinz zu besuchen!

Kommt, aber stellt nicht viele Fragen. Zum Beispiel, wo sich die Residenz des österreichischen Prinzen Wilhelm Wied befindet. Ihr werdet sie nicht mehr finden, obwohl es eines der seltenen im europäischen Renaissance-Stil erbauten Gebäude in Albanien war. In der Provinz kann man nicht gewiss sein, die Dinge dort, wo sie hinterlassen wurden, auch wieder vorzufinden. Anstatt eure Zeit auf der Suche nach Spuren der verschwundenen Gebäude von Wilhelm Wied zu verlieren, macht euch bei Sammlern auf die Suche nach einem Foto oder einer Postkarte aus der Zeit des Habsburger Reiches und gebt euch damit zufrieden. Provinzen haben keine gute Beziehung zu den alten Zeiten.

Die Provinzen, vor allem die kosmopolitischen, sind mit dem Herzen beim Neuen und allem, was glänzt.

EINHEIMISCHE UND FREMDE

In Durrës entsteht alles, um in ein Foto festgehalten zu werden. Dem Glück dieser Verwandlung entgehen weder alte Gebäude noch Tempel, Gebetsstätten, Mosaike, Tore und Säulen, Kapitelle oder neuere Häuser. Es ist eine unglückliche, fatale Ehe, die nur einer der Formen erlaubt, zu überdauern. Die andere Form geht zugrunde, bricht zusammen, verschwindet. Wie paradox auch immer, das Papier hat über die steinerne Materie gesiegt. Viele der Gebäude, die einst von Bedeutung waren, sind heute nur noch Papier.

Nicht alles in dieser Stadt wurde von den Normannen, Türken, Serben oder Barbaren, die über den Land- oder Seeweg gekommen waren, vernichtet. Etwas wird fortbestehen. Daher solltest du, Besucher, der du meine Provinz besuchst, nicht allzu viele Fragen stellen. Fragt bitte nicht nach dem Kai, nicht nach dem Anlegeplatz, woran die Greise sich erinnern, dass der

Gründer des albanischen Staates, Ismail Qemali, bei seiner Ankunft in Durrës dort zuerst die *Arbnor*-Flagge hissen wollte. (Wahrscheinlich wusste er, dass das Wort *Arbër* zum ersten Mal in dieser Stadt, in Durrës, schriftlich erwähnt worden war, wie Anna Komnena in ihrer Chronik vom Angriff der Normannen unter dem Kommando von Robert Guiscard berichtet.) Frage nicht nach alten Wegen, dem Fischmarkt, den Häusern mit Erkern, in denen die ersten albanischen Filme gedreht wurden, auch nicht nach den Häusern mit Gärten und Bäumen. Ihr werdet sie nicht finden.

Weil derartige materielle Spuren fehlen, ist die Tatsache, dass aus meiner Provinz die ersten albanischen Worte schriftlich überliefert sind, von großer Bedeutung.

Im Jahr 1497, vier Jahre bevor die Eroberung durch die Osmanen das Leben, das Aussehen, das Gedächtnis und die Ansprüche der Stadt komplett veränderte, schrieb ein anderer Provinzler albanische Wörter auf. Es war Arnold von Harff und er stammte aus der Umgebung von Köln, aus Cologne, einst auch eine Kolonie, wie Durrës. Während seiner Rückkehr von den Kreuzzügen notierte er einige Wörter, die für uns heute wertvoller sind als sie es damals für ihn waren. Darunter befinden sich zwei besondere, welche die Welt im Gleichgewicht halten: *myr* (gut) *kyecke* (schlecht). Es gibt auch einige andere Wörter wie *boicke* (Brot), *vene* (Wein), *oie* (Wasser), *pyske* (Fisch), *krup* (Salz), *taverna* (Taverne), *geneyrea* (starker Mann), *groua* (Frau), *denarye* (Geld), *dreckthe* (Teufel), *myreprama* (Guten Abend), *criste* (Gott) ... Diese Wörter existieren nicht mehr in dieser Form, sind verblichen wie die Menschen, die sie einst benutzten. In Durrës gibt es nicht das kleinste Zeichen Erinnerung, dass die ersten schriftlich erfassten albanischen Worte aus Mündern von Provinzlern kamen. Vielleicht hat die Stadt Köln wenige Gründe, Arnold von Harff zu ehren. Doch Durrës, meine Provinz, könnte eine Straße, Schule, einen Platz oder einen Weg, wo er diese albanischen Wörter aufgeschrieben haben könnte, nach ihm benennen oder eine kleine Büste in einer Nische aufstellen, wo das Auge und die Sonne sie anlachen könnten.

PROVINZ, LIMITED EDITION

Scheinbar drehten sich meine Bemühungen darum, die rachsüchtige Provinz zu beschwichtigen. Ich zähme den Zorn, den sie gegen mich hegt wegen des Verrats, den ich beging, als ich sie vor fast 14 Jahren verließ, um in der Hauptstadt zu leben. Es war 1999. Ich war dabei, ein neues Jahrtausend zu beginnen: ein altes Leben an einem neuen Ort.

Als ich mit meiner Familie ein Haus in Tirana bezog, bemühten wir uns, von Durrës möglichst viele Dinge mitzunehmen, die uns mit dem Leben dort verbanden: Schiffsruder, einen Anker, zwei Kompasse, Poller um Seile festzubinden, einen Krebs, Amphoren, gefunden bei Tauchgängen im Meer. Zudem einige antike Fragmente, die nicht von Archäologen ausgegraben wurden, sondern von den Erbauern der vielstöckigen Gebäude, die seit den neunziger Jahren aus dem archäologischen Fundament der Stadt empor sprießen. Auch riesige Muscheln, die ich an seichten Stellen des Meeres gefunden hatte. Als wäre all das nicht genug, fuhr ich nach Durrës zurück, um rote Backsteine zu kaufen, „authentische, handwerklich in der heimischen Ziegelei gebrannt“, mit denen wir eine Wand im Inneren der Wohnung hochzogen, die uns an jene Mauer erinnern sollte, die Kaiser Anastasios, Sohn unserer Stadt, im 6. Jahrhundert am Meer erbauen ließ. Auf diese Wand klebten wir zwei Wegweiser aus Papier, auf denen steht: „Tirana 30 km – Durrës 1 km“ – um den Zorn meiner Provinz zu beschwichtigen.

Unser Umzug von Durrës nach Tirana glich einem Exodus. Den begangenen Verrat möchte man durch die mitgenommenen Gegenstände mindern, doch man vermehrt ihn nur. Denn gerade sie machten klar, dass wir die Stadt verlassen hatten. Alle Entflohenen der Jahrhunderte zuvor hatten das Gleiche getan. In einer Welt, die in Bewegung ist, habe auch ich mich bewegt – wie das alte Rom in einer neuen globalen Zivilisation.

Ich bin weggegangen, konnte mich aber von meiner Provinz nicht befreien. Wenn ich tief in mein Herz schaue, verspüre ich diese Wehmut auch heute noch, als würde ich in dieser Provinz verweilen – mit dem Unterschied, nicht Vollzeit dort zu leben. Wie andere Flüchtlinge bin ich ein *„part-time“*-Provinzler. Sie kommt und besucht mich, wann es ihr gefällt, zum Beispiel in Träumen. Dagegen kann ich mich nicht wehren. Ich kann mich nicht von ihr lösen. Unser Schicksal ist verflochten, durch unsere Eifersucht. Diese entspringt der einzigen Form der uns bekannten Liebe – der bedingungslosen Liebe. Ohne Erwartungen. Uns verbindet ein dringlicher Wunsch: In dieser sich rasch drehenden Welt möge sie eine gemächliche Entwicklung nehmen! *Festina lente.* Ich und meine Provinz erfreuen uns der Evolution, nicht der Revolution, wir erfreuen uns des Wandels, nicht der Verwandlung.

Diejenigen, die in der Geschichte ein illustriertes Abenteuer sehen, neigen dazu, den Schulkindern den Mittelmeerraum als Gebiet von Städten zu veranschaulichen, die mit Provinzen umgebenen sind. In diesen Provinzen entstanden die Mythen der Helden, Könige und Götter.

Sie erzählen ihnen vom Humanismus und vielsagenden Seereisen, einem Raum mit Regionen, in denen Alphabete und universelle Werte entstanden sind, Demokratien und Diktaturen errichtet wurden, in dem ein verschrecktes Europa durch den Fluch der eigenen Bewohner wiedergeboren wurde. Und wenn die Lehrer unterrichten, lernen die Schüler, welche Provinzen, inklusive Durrës, darauf beharren, eine *„limited edition"*, eine *„trade mark"* zu sein, die der Welt trotzen.

FRANKENSTEIN-PROVINZEN

Ich habe kein besonderes sportliches Talent. Das hinderte meine Freunde nicht, mich zu einem Fußballspiel auf einem der kleinen Bolzplätze einzuladen, bei uns *„calcetto"* genannt. Er lag kaum zehn Kilometer von Durrës entfernt, aber der spärlichere Verkehr nach den 90er Jahren, die schmalen Straßen, die hügelige Landschaft, die Olivenbäume, die saubere Luft und die zunehmende Vegetation gab mir das Gefühl, in Richtung des Grüngürtels der Hauptstadt unterwegs zu sein. *„Es ist eine Provinz"*, meinte jemand.

Natur.

Genau dort, inmitten der Natur, von Hügeln und Obstbäumen umgeben, habe ich zum ersten Mal auf einem Platz mit Kunstrasen gespielt, habe ich mit einem Ball aus künstlichem Leder getroffen, trug ich ein atmungsaktives T-Shirt aus synthetischem Material und habe ich in ein Netz aus Kunstfasern geschossen. Dies alles erschien mir wie ein künstliches Paradies. In der Pause, als wir aus Plastikflaschen Wasser tranken, erfuhr ich durch die Witze meiner Freunde, dass unser Schiedsrichter eine Haarwuchskur machte.

Ich glaube, dass viele Dinge unserer Welt Nachahmungen von Frankensteins Schöpfung, Kombinationen lebendiger mit toter Materie sind: künstliches Gedächtnis, Kunstrasen, Kunstschnee, künstliche Städte, künstliche Herzen, künstliche Elemente, künstliche Hügel, künstliche Sprachen, künstliche Intelligenz, künstliche Provinzen, wie jene, wo ich Fußball spielte, die anders als klassische Provinzen alle Qualitäten des modernen Lebens genießen.

Aber ich bin nicht in einer Frankenstein-Provinz geboren. Im Gegenteil. Ich wurde in Durrës geboren, einer Stadt, in der die Menschen einander mit Namen kannten und in der Jungen, vor allem die „schlimmen Jungen" mit den Namen der Mütter „Adriani i Dritës" gerufen werden; es scheint, als sei die matriarchalische Phase noch nicht vorüber. Ich bin in jener Provinz geboren, in der die Briefträger keine Adressen zu lesen brauchten, um Briefe oder Postkarten zuzustellen.

Meine Stadt – ein Zentaur, halb antik und halb modern, ein *chthonisches* Wesen – halb lebendig, halb tot, halb über, halb unter der Erde, genau diese Stadt, unabhängig von ihrer Geschichte, kollidiert nun mit jenem Teil unserer Welt, der alles, was die Seele einer Stadt ausmacht, verwandelt und alle Mythen und die Geschichte verdrängt.

RÜCKKEHR INS PARADIES?

Kürzlich kam mir Martin Heideggers Aufsatz in den Sinn: *Schöpferische Landschaft – Warum bleiben wir in der Provinz?*, in dem er den Rückzug in seinen Unterschlupf im Wald für sinnvoller ansah, als das hohe Amt des Rektors der Universität Berlin anzunehmen. Aus welchem Grund? Nur weil Provinzen ein geruhsames Lebenstempo und einen unkomplizierten Kontakt mit der Natur erlauben?

Wie es scheint, treffen wir auf ein Paradox. Die Provinz ist nur mehr ein „verlorenes Paradies“, welches wir kaum zurückerobern können, auch wenn wir dem Rat von Charles Baudelaire über die Vervielfältigung der Realitätsmöglichkeiten durch „künstliche Paradiese“ folgen. Unser Verhalten den Provinzen gegenüber ist nicht besser als das von Konquistadoren. Im Austausch gegen gewöhnliche Dienstleistungen der globalen Zivilisation, welche wir diesen Provinzen dargebracht haben, entreißen wir ihnen das Wertvollste – ihre ureigene Lebensqualität. Während die Provinzen einst in dem Tempo *andante moderato* lebten, hat die Moderne ihnen ein *prestissimo alla marcia* diktiert – charakteristisch für das Metropolenleben. Neben diesem Paradox existiert zudem ein Missverständnis. Es scheint so, als bestehe zwischen Metropolen und Provinzen ein Widerspruch. Die Städte werden nur noch als Möglichkeit der Beschäftigung und Karriere wahrgenommen, nicht mehr als Quelle jener Freuden und Dienste, die das urbane Leben einst bot. Hat sich dies auf Grund der Mechanik des *„global village"* so entwickelt? Könnte dieser Wandel wegen der von den Provinzen versprochenen (keineswegs immer gehaltenen) fragilen Intimität zustande gekommen sein?

Warum sind Provinzen immer noch begehrt? Um den Rest des Lebens dort zu verbringen? Um die nie wiederkehrende Nostalgie der verronnenen Jahre zu liebkosen? Um dort Geschäfte zu eröffnen oder dem Zentrum entlehnte, alternative Kultur zu schaffen? Warum könnte für uns eine Provinz, die den Kampf gegen die Großstädte kaum überleben kann, dennoch von Bedeutung sein? Warum sollten wir umkehren, wenn wir die Provinzen erblicken? Warum meiden wir die Autobahnen und Einkaufszentren, um dort anzukommen? Nur weil wir dort geboren wurden und uns Erinnerungen an jene Provinzen fesseln? Weil uns ein Bio-Leben und ein nicht-industrielles, idyllisches Paradies versprochen wird?

Seit geraumer Zeit hat eine Rückkehr in die Provinzen begonnen. Auch wenn wir es uns nicht erklären können, kennt doch jeder die Gründe. In allen Gesetzen und Regeln der Provinzen existiert nur ein Axiom: Die Provinz ändert die anderen, sie selbst verspürt jedoch keinerlei Notwendigkeit dazu. All das bewegt uns dazu, in die Provinz zurückzukehren, in diese besondere, bemerkenswerte.

Doch sie ist weder ein gedeckter Tisch für das Stillen des Hungers und des Bautriebs noch ein öffentliches Bidet, wo man physiologische Bedürfnisse befriedigt, ganz gleich, wie wir diese Stadt in unseren Vorstellungen herbeiwünschen. Beziehung erscheint uns als moderat klingendes Wort, während *Liebe* einen pathetischen Anschein hat. Vor allem dann, wenn wir uns nur ungern an die berühmten Verse erinnern, die Tursun Bey, Chronist des Sultans Mehmed II., des Eroberers (1422-1499) Albaniens, für uns niederschrieb: *„Nun, o Mensch! Was hast du wieder angerichtet? / In Silber hast du verwandelt, alles was einst Gold war..."*

PROVINZ ALS AIRBAG

In Zeiten der Globalisierung möchte ich die Provinz mit einem Unterschlupf in Kriegszeiten vergleichen, einem sicheren Ort, um sich vor den Produkten der ideologischen Pseudozivilisation dieser Jahrzehnte zu schützen. In Folge des Falls der Berliner Mauer 1989 ist die Provinz selbst zu einer Mauer geworden, zu einem Airbag oder jenem Filter, der verhindert, dass die Metropolen und Megastädte kollidieren. Die wahren Provinzen werden dabei zu unseren Rettern.

Doch Heideggers Fragen sind für uns weiterhin unbeantwortet. Was hält die von der Provinz überzeugten Menschen immer noch dort? Wie lautet die Moral dieses Verweilens, wenn doch die Provinzen, jene gegen den postindustriellen Angriff schützenden Unterschlupfe, jene Luftkissen, die den Aufprall der Metropole verhindern, keine hinreichenden Gründe bieten, ihnen die Treue zu halten? Jene Menschen wissen etwas, was wir nicht kennen oder vergessen haben, während wir hinfort eilten, um der Provinz den Rücken zu kehren, um wie Spermien die lüsternen Leiber der Metropolen anschwellen zu lassen, die unersättlich sind nach frischem Fleisch.

Während ich diese Worte formuliere, scheint es mir, als gleiche die Provinz einem Fischernetz. Die von Ehrgeiz besessenen, großen Fische zerreißen es und ergreifen die Flucht. Die anderen bleiben hängen. Vielleicht ist dies das Merkmal aller Provinzen. Niemand kann erklären, warum diejenigen, die dort geboren wurden, obwohl sie ihr gesamtes Leben dort verbringen, ihr Schicksal verfluchen und entfliehen wollen, während andere, die sie verlassen und nie zurückkehren, ihr etwas schreiben, wie ich es gerade tue.

Die Provinzen haben ihre eigenen Schutzheiligen, die sie jedoch nicht verehren. Dort sagt man von Menschen nichts Gutes, auch nicht nach ihrem Tod. Alles ist und bleibt winzig – nichts wächst; man könnte meinen, die Provinzen leiden am Peter-Pan-Syndrom. Was wächst, wird als anormal angesehen, nicht der Provinz zugehörig, als Verrat. Man verleumdet gerne.

Daher kommen nur wenige auf die Idee zu fragen, ob jene unbekannten Menschen, die Lieder vor der Vergessenheit retten, zu den Heiligen der Provinz gehören oder nicht.

Die „kleinen Fische" sind die, die bleiben und nicht jene, die gehen; wie es scheint, sind letztere diejenigen, welche die Provinzen am Leben halten, die ihn kennen, ihn uns aber nicht verraten: den Grund, aus dem unsere Seelen unruhig bleiben werden, bis sie zum Ausgangspunkt zurückkehren. Denn die Provinz bietet nur zwei Möglichkeiten: wie ein Lachs auszuwandern oder sich wie die Eidechse zu verändern und anzupassen.

Ja, wie eine Eidechse, immer auf der Suche nach anderen Antworten auf Heideggers Frage „Warum in der Provinz bleiben?". Eine mögliche Antwort wäre, dass ich nicht in einem Land oder gemäß einem Topos lebe. Ich bin Bewohner eines Namens mit Possessivpronomen. Ich lebe in dem Namen „Durrës" mit dem besitzanzeigenden Wort „MEIN". Dies vielleicht, weil meine Provinz mit Namen Durrës das erste Geschenk war, das meine Mutter mir am Tag meiner Ankunft im Leben gab. Dies war der Name, den ich hörte, noch bevor ich den meinen hörte. Dieses Geschenk trage ich ununterbrochen mit mir, wie ein geliebtes Spielzeug, wie eine gefährliche Waffe, die zuerst meinen eigenen Leib verletzt. Ich bin aus der Stadt geflohen, ohne mich jemals ganz von ihr befreien zu können.

Überall wurde ich von ihrer Natur durchdrungen, von diesem Namen, von dieser Provinz verfolgt, welche mich, als sei ich der Stein in einer Schlaufe, wegschwang und wieder zu sich zog. Mal verstecke ich sie, als sei sie mein Laster, mal präsentiere ich sie, als sei sie mein Schmuck oder eine kostbare Tugend. Ich weiß nicht, ob ich von ihr gesegnet oder verflucht bin. Vor allem jetzt, da ich nicht tagtäglich in dieser Provinz lebe – in der Stadt mit Namen Durrës. Doch nicht nur ich, niemand lebt in einer Provinz oder einer Stadt. Wir alle leben in Namen. Genau wie ich, der immer noch im Namen Durrës lebt, sich aber als Geisel der Personalpronomen fühlt.

MEER DES ARGWOHNS

ALBANIEN UND DER REST DER WELT – SCHÖNHEIT, HOFFNUNG UND GRAUEN

VON DUALITÄT schien alles in meinem Leben geprägt zu sein. Ich wurde in einem Land zwischen zwei Kulturen (Ost/West) geboren, das auf zwei Arten sang (Polyphonie/Monodie) und auf dessen Flagge ein doppelköpfiger Adler stand. Dieses kleine Land hatte zwei Meere (das Adriatische und das Ionische). Ich lebte in einer Küstenstadt mit zwei Namen (Dyrrachion und Epidamn), wo die beiden Dialekte Albaniens gesprochen wurden (Gegisch/Toskisch). Beide Kirchtürme der Stadt (katholisch/orthodox) feierten Ostern, in unterschiedlichen Ritualen und zu unterschiedlichen Festzeiten. Auch die Muslime waren gespalten: Auf derselben Straße lief der muslimische Imam mit Turban und der Derwisch mit weißer *Sikke*.

Einige Bewohner verdienten sich ihr Brot mit Beschäftigungen auf dem Meer und im Hafen. Der Rest lebte von dem Land, den Feldern, Fabriken und einer Kohlemine. Die Stadt verfügte über ein modernes Theater, auf dessen Bühne Schauspieler, welche starben, am Ende „auferstanden". Aber es gab auch ein antikes Amphitheater, in dessen Arena die Getöteten sich nie wieder erhoben. Der albanische Nationalheld, dessen Geschichte von Johannes Pinicianus, Mitte des 16. Jahrhunderts ins Deutsche übersetzt wurde, hatte zwei Namen: Gjergj Kastrioti für Einheimische und Skanderbeg für Fremde. In jener Küstenstadt wurden meine Zwillinge geboren. Als Kind hatte ich zwiespältige Meinungen. Zuerst war das Meer schön.

Dann wurde es gut. Zwischen beiden Meeren – dem schönen Meer und dem guten Meer – befand sich das feindliche Meer.

Mit dem „schönen Meer“ möchte ich weder die Landschaft noch die Pracht der Wellen hervorrufen, die im Winter wie flüssige Berge gegen das Ufer emporsteigen. Ich denke auch nicht an echte Berge, über die Eltern und Lehrer uns immer das Gleiche sagten. „Wir glauben nur an die Berge! Die Berge sind heilig. Die Berge sind unser Schutz gewesen, natürliche Verbündete!“ Erwähnte man das Meer, dann in Verbindung mit Feinden. Das erinnerte mich an die Auswanderung der Albaner in Richtung Europa nach dem 16. Jahrhundert. Damals verstand man unter Europa den Westen. Der Rest war der Orient.

Ich versuche nicht, Sie durch das Meer in ein nostalgisches Reich oder zu einem mediterranen sentimentalen Pessimismus einzuladen. In der Kultur, aus der ich stamme, verwendet man anstelle des Wortes „Schiff“ das Eponym „schwarzes Brett“. Die Schiffe, die Stoffe brachten, nahmen Jungen als *Nizame* mit. Die römischen Besatzer erreichten uns über das Meer, gleich den Kolonisatoren die griechischen Inseln. Über das Meer verließen uns auch unsere ideologischen „Brüder“. Zuerst die Jugoslawen. Danach die Russen, die mit U-Booten abzogen. Später machten sich die Chinesen, die auf der Werft arbeiteten, auf Überseeschiffen von dannen. Geschichte zeichnet sich nicht durch Reinheit aus.

Albanische Studenten kehrten aus Bulgarien und der Sowjetunion zurück, ließen aber ihre Kinder mit deren Müttern dort. Die Fremden verlassen unsere Städte, aber das Fremde bleibt zurück. Jemand besaß ein PFEIFFER Klavier. Der Platz der Stadt, wo ich geboren wurde, gebaut nach kaiserlicher Architektur, gefiel offenbar auch den Kommunisten. Sie rührten den Brunnen, der noch siebzig Jahre nach der Kapitulation Italiens wie ein Betonpilz im Leibe der sozialistischen Stadt stand, nicht an. Von den Bauten, die während der atheistischen Zeit umgewidmet wurden, erinnere ich mich an zwei: Die Große Moschee wurde in eine Brauerei mit Terrasse und ein Jugendkulturzentrum umgewandelt, die katholische Kirche in ein Puppentheater, deren „Messe“ auch ich jeden Sonntag besuchte.

Selbst die Angloamerikaner, einst Alliierte im Zweiten Weltkrieg, später zu Feinden erklärt, überlebten in einer schlichten Form. Obwohl Englisch, als Sprache des Imperialismus, nicht ausführlich in der Schule gelehrt wurde, obwohl die Monarchie außer Kraft gesetzt war und wir anstatt eines Königs den Parteiführer hatten, hörte man oft das Wort „king“ für gut aussehende Jungen und „kinge“ für hübsche Mädchen.

Die Familie Tedeschini, vermutlich Deutsche aus Norditalien, die zu Beginn des Krieges in die Stadt kam, kehrte in den frühen neunziger Jahren nach Europa zurück, nachdem sie fast ein halbes Jahrhundert mit uns gelebt hatte. Wir überlebten. Jeder wie er konnte. In allen möglichen Formen des Kampfes und in einer Koexistenz von Gut und Böse.

Das Meer war weder ein reines noch ein einfaches Wesen. Es war eine Mischung aus erhabener Schönheit und Grauen. Das Meer stand dazwischen. Unser Vermittler.

DAS KLACKEN DER UHREN

Ich hätte das Meer besser verstanden, hätte mein Nachbar Immanuel Kant geheißen. Dieser hatte kein Meer gesehen, machte keinen Gebrauch von ihm, aber er schrieb über das erhabene Meer. Meine Nachbarn schenkten ihm keinen Glauben, sondern machten es sich materiell zunutze. Kants Stadt hatte zwei Namen: den deutschen – *Königsberg* und den sowjetischen – *Kaliningrad.* Nebst zwei alten Namen wurde meine Stadt Durrës auf Italienisch „Durazzo" genannt. Kant war pünktlich. Pünktlich waren auch meine Nachbarn. Kant ging jeden Mittag spazieren. Meine Nachbarn auch, aber spätabends. Kant lebte nach Zeitplänen, aber zeitenthoben. Der Rhythmus seiner Spaziergänge wurde nicht einmal durch die berühmte Kathedralenglocke gestört, während meine Nachbarn ein anderes Ritual pflegten. Sie eilten zurück nach Hause, ein paar Minuten vor Anbruch der zwanzigsten Stunde.

Jeder, der eine Uhr besaß – egal ob Taschenuhr, Armbanduhr, Wanduhr – oder die Verantwortung für die Uhr der Stadt trug, erstarrte, hielt den Atem an, heftete den Blick auf den TV-Bildschirm und verstummte. Wir alle verharrten so, bis ein Piepton zu hören war. Dann, befreit von der Erstarrung, entspannten wir uns und glichen die Zeiger der eigenen Uhren mit der des zentralistischen Staates ab. Wer eine Uhr westlicher Marke besaß, schmunzelte befriedigt. Wer an seinem Handgelenk eine günstige aus östlicher Produktion trug, stellte sie täglich. Es waren mystische Momente. Jeder schien für die nächsten 24 Stunden mit Energie aufgeladen zu sein. Krr – Krr –

klickklick! In diesem gleichzeitigen Klacken der Uhren spielte auch ich eine Rolle. Da ich noch keine eigene Armbanduhr besaß, hatte meine Familie mir den Abgleich unserer Wanduhr mit der Fernsehuhr der Hauptstadt anvertraut. Diese Aufgabe gab mir das Gefühl, nützlich zu sein.

Mein Bruder trug weniger Verantwortung. Er kümmerte sich um die Tischuhr. Auf ihrem Ziffernblatt befand sich eine gelbe Henne, umgeben von gelblichen Küken, die nie zur Neige gehende gelbe Körner pickten. Am seltsamsten kam mir derjenige Mensch vor, der jeden Abend die Zeiger der vier am Rathausturm angebrachten Uhren mit der des fernen Tirana abstimmte. Diese Uhr hatten die Fremden gebracht. Faschisten hatten das Gebäude errichtet, in dem jedoch die Büros der kommunistischen Regierung ihren Sitz hatten.

Wie konnte der Uhrmacher diese Übereinstimmung zustande bringen? Die Beziehung zum Äther unterschied ihn von uns. Inzwischen dröhnten aus Radio und Fernsehen die Worte: „Partei“. „Ewigkeit“. „Enver“. „Jederzeit“. In welcher Zeit lebte ich? In Gesprächen an der Küste reden Menschen bei einer Tasse Kaffee über Ereignisse, die Spuren in ihrem Leben hinterlassen haben, die sich *„zur Zeit der Türken“, „zur Zeit der Italiener“, „in der Zeit, als Russen oder Chinesen in der Stadt waren“* ereigneten. Wem gehört nun dieser Ablauf der Zeit, in der wir lebten?

UNTERWASSERWELT

Das Tauchen im Meer erfüllte mich eher mit größerer Freude als das Schwimmen. In der Tiefe war das Meer schöner als an seiner Oberfläche. Diese endlose Weite kann ich nicht vergessen, menschenleer bis zum Horizont. Kein Segel zu sehen. Keine Touristenschiffe am Hafen. Auch keine fremden Seemänner an der Mole. Nur selten waren Touristen in den Straßen der Stadt zu sehen. Sie kamen nur einmal.

Als bewahre sie das größte Geheimnis der Welt, ähnelte meine Stadt einer *post box city*. Der Hafen wurde von Soldaten und Stacheldraht geschützt. Diese Verödung zerstörte mein bisheriges Bild vom Meer. Die Nutzung des Meeres als reine Arbeitsstätte statt als Ort des Vergnügens verwandelte es in einen hässlichen Lastenträger, der nur Frachtschiffe auf seinem Rücken trug; in etwas Belangloses, Unterwürfiges. Aus diesem Grund galt meine Vorliebe dem Tauchen und der Unterwasserwelt, nicht dem Schwimmen an der Oberfläche.

Kann dieses Verhalten als eine Form von Flucht oder als ein Verstecken vor der Welt da droben interpretiert werden? Ja. In einem kommunistischen Land, wie Albanien zu jener Zeit, war die Unterseewelt ein Unterschlupf, der Kindern Schutz bot. Neben der Idylle der Medusen und Seepferdchen, Lilien und antiken Mauern fand ich in der Unterseewelt die Einsamkeit, die Intimität. Dort lernte ich den Egoismus kennen, den Wunsch nach *„no limits"*. Sie wurden mit *„fremde Erscheinungen"* tituliert, Abfallprodukt der kapitalistischen und bourgeoisen Mentalität. Damals gab es vorgeschriebener Kollektivismus, gemeinsame Aktivitäten, Freiheitsentzug, Verfolgung, Bestrafungen auf öffentlichen Plätzen und Gerichtsverhandlungen im Kino.

Die Weigerung, im Meer zu schwimmen, war jedoch kein Ungehorsam. Mein Verhalten war keine Rebellion. Ich war kein Widersacher. Ich war kein Dissident. Ich war kein Held. Heldentum entsprach nicht der Norm.

Das Glas der Tauchermaske, durch das ich die Vergangenheit heute betrachte, vergrößert alles. Die Maske speist den Geist mit Mythologie. Am Meeresboden glaubte ich beschützt zu sein! Eine Illusion – dennoch wurden wir Kinder des wunderbaren Mythos der sozialistischen Welt: modellhafte Kinder. Ich erinnere mich an ein riesiges Plakat aus jener Zeit, zum Meer hin weisend, worauf in Großbuchstaben stand:

“ALBANIA,
THE UNIQUE AND UNBREAKABLE CASTLE
ON THE ADRIATIC COAST”

Das war das einzige öffentliche Plakat in einer fremden Sprache. Den Text hatte ich auswendig gelernt, aber ich verstand nicht: Warum war er in der Sprache von *Uncle Sam* – dem Feind – geschrieben? Allmählich wurde allen klar, dass es der mächtigste in unserem Land produzierte Export-Slogan war. Die Schrift war so groß, dass man glaubte, die Ausländer vermochten sie mit bloßem Auge von der italienischen Küste aus zu lesen. Albanien „*Festung*“ und „*Leuchtturm*“ der Welt!

Tapferkeit! Stärke! Würde! Hatten wir nicht begriffen, dass Albanien durch jenen Slogan sich selbst bestrafte?

Albanien warnte alle Welt: Es habe eine Mutation vollzogen. Von einer einladenden Meeresbucht hatte es sich in einen schroffen Felsen verwandelt. Wahrscheinlich deshalb blieb die Unterwasserwelt die ideale Form des Anti-Atom-Bunkers, ein rettender Unterschlupf für Kinder.

FÄSSER UND MINEN

Mit dieser Einschränkung, mit diesem Element des Meeres, wurde ich in meiner Kindheit konfrontiert. Ein codiertes Signal. Drei schwebende Fässer, verankert am sandigen Meeresboden. Dies war die Grenze. Das Ende des Meeres. Drei Fässer auf dem Meer. Die Sprache der schwebenden Fässer war meine erste ungeliebte Fremdsprache. Die drei Fässer bildeten ein minimalistisches Alphabet. Das erste Fass. Das zweite Fass. Das dritte Fass. Ich musste es lernen, befolgen, ja ihm sogar gehorchen. Aber was bedeutete der Code der Meeresfässer? Welche Rolle spielte er in meiner geistigen Welt?

Die vordere Reihe der Fässer, nur wenige Meter vom Ufer entfernt, waren *„die angeratenen Fässer"*. Kinder und mäßig gute Schwimmer durften sie erreichen, sich an ihnen festklammern, um sich auszuruhen. Es war eine entspannte Zone. Keiner störte sich daran. Keiner, der diese Linie erreichte, brachte sich in Lebensgefahr.

Die Reihe der *„zweiten Fässer"* war etwas weiter draußen im Meer angebracht. Sie schwebten etwa 200 Meter fernab der Küste, verbunden mit Seilen. Das war die Reihe der *„Warnungs-Fässer"*. Diese Linie war für die guten Schwimmer, die nur sich selbst – niemand anders – herausfordern wollten. Ihnen war es erlaubt.

Die *„dritte Reihe"* war die entscheidende. Wer es wagte sie zu überqueren, wurde von der Küstenwache aufgebracht, wegen *„Fluchtversuches aus der sozialistischen Heimat"* zu Gefängnisstrafen verurteilt oder ertrank im Meer. Aus der Heimat zu fliehen war Verrat. Wir alle gehorchten dem Code der schwebenden Fässer, obgleich wir wussten, dass hinter der dritten Reihe das offene Meer war und hinter dem offenen Meer die freie Welt.

Nichts spiegelte treffender die Isolierung Albaniens wider als jene am Meeresboden angeketteten einsamen Fässer. Das geschah, als die Welt sich zu öffnen und wieder zu kommunizieren begann. Obwohl wir diese Fässer als Sprungbrett verwendeten, um ins Meer zu tauchen, war ihre Anwesenheit erschreckend aggressiv. Es war wie ein Spiel mit Seeminen, die wir in den Filmen über den Zweiten Weltkrieg und in den Berichten unserer Armee über Manöver während des Kalten Krieges gesehen hatten. Von Explosionen hörte man nichts, denn diese fanden in unserem Inneren statt. Die Explosion jener Fässer tötete den Mut und den Traum, die Schranken zu durchbrechen. Ihre Anwesenheit tötete den Wunsch, nach vorne zu schauen. Durch jene Fässer erlernte ich den Befehl „Wage es nicht!", während Gleichaltrige im Europa der siebziger

Jahre *„let it be"* genossen. Wir hatten unser Tempo abermals verloren.

VERBOTENES EUROPA

Durch meinen Vater erfuhr ich von der guten Seite des Meeres. Von seinen Seefahrten brachte er *„Schmuggelware"* nach Hause. Ganz gewöhnliche Gegenstände des täglichen Lebens, die nicht in unserem Land produziert wurden. Auf ihnen las ich zum ersten Mal: *„Made in Italy"*. *„Made in France"*. *„Made in Germany"*. Gewöhnliche Gegenstände, die wir in Kultobjekte verwandelten. Leere Colaflaschen, zerdrückte Heineken-Dosen, aufgeweichte Marlboro-Schachteln nahmen einen Ehrenplatz in unseren Regalen ein.

Sie rivalisierten mit religiösen Ikonen und Büsten unseres Partei- und Staatsführers. An religiöse Konvertierungen waren wir gewöhnt, aber mit industriellen waren wir nicht vertraut. Deshalb gaben wir ihnen den höchsten Thron im Reich des familiären Krempels. Soviel zu dem, was innerhalb der eigenen vier Wände geschah. Wer aber wie Restmüll aus der Gesellschaft ausgestoßen wurde, hatte keine Chance, recycelt zu werden.

Der Horizont erweiterte sich für uns. Die europäischen Länder begegneten einander in Form der Gegenstände im Hafen, bewacht durch Soldaten. Das Meer nahm eine andere Form an. Es wurde wie ein kleines Taschenwörterbuch. Das Meer, ein

Langenscheidt, ein *Webster*, ein *Petit Larousse*, während sich die Objekte in Episteme verwandelten. Die Gegenstände waren das Symbol für den Rest der Welt, von dem uns das Meer trennte, das für uns eine zweite Berliner Mauer war. Sie waren *das verbotene Europa*. Durch jene Gegenstände sammelte ich die ersten empirischen Daten über die Europäer: Die Deutschen sind stark! Und die Italiener? Die Italiener tun sich durch feinen Geschmack hervor! Die Franzosen? Die Franzosen sind stilvoll! Die Niederländer, großgewachsene Fußballspieler! Die Jugoslawen, liberal! Die Engländer, reiselustig!

Mittels jener Gegenstände stellte ich mir die Europäer vor. Sie waren *die Fremden*, die uns Geschenke brachten. Wo waren die Europäer? Obwohl wir auf sie warteten, die Europäer kamen nicht. Hatten sie uns vergessen? Dachten sie vielleicht, es wäre besser für uns, so zu bleiben, wie wir waren: abgeschottet, isoliert, ein chaotisches Land, in ständigem Übergang, eine Kreuzung, eine Brücke, die verbindet und trennt, ein Handelskanal und ein künstliches Paradies im Leibe Südosteuropas? George Orwell hatte die literarische *Farm* geschaffen, um kommunistische Gesellschaften zu dämonisieren. Albanien war die Verkörperung dieser zügellosen Farm. Viele fragten sich: Wurden wir vom Westen als Karikatur missbraucht? Oder waren wir eine Art Anti-Plakat, ein Parolen-Staat, auf den der Westen den Antikommunismus projizierte, entsprechend den Parolen der Stadt meiner Kindheit? Das Stillschweigen in den Radios, im Fernsehen und den europäischen Zeitungen in den Jahren der Verfolgungen, der Hinrichtungen, des Terrors und der politischen Haftstrafen in Albanien war Ausdruck dieser

Haltung, während unser europäisches Land weder die Kraft hatte zu schreien noch, um Hilfe zu bitten.

DIE FALSCHEN TOURISTEN

Doch eines Tages kam Europa auch zu uns. In den späten sechziger Jahren kamen Gruppen junger Menschen aus dem Westen nach Albanien. War das die gewünschte Öffnung? Sie kamen aus Deutschland, Frankreich, Italien, Portugal, Großbritannien, Belgien, Spanien, Österreich, den Niederlanden, Dänemark, der Schweiz, sogar aus den USA und Australien. Der nahe und ferne Westen hatte uns erreicht! Endlich...

Zu unserem Erstaunen waren sie anders als erwartet, fast wie wir. Rasiert, kurz geschoren, schnurrbartlos, kein langes Haar, höflich, keineswegs eingebildet und ohne völlig „fremde Erscheinungen" der kapitalistischen Welt. Sie trugen keine engen Bluejeans, nicht mal bedruckte T-Shirts. Keinesfalls zurückhaltend. Das Bild der Freiheit, der europäischen Freiheit, wie wir es uns ausgemalt hatten, erreichte uns nicht nur verspätet, sondern auch noch verzerrt. Doch es brauchte nicht lange, um sie zu enttarnen. Die Touristen, die nach Albanien gekommen waren, entsprachen nicht dem wahren Westen. Sie lebten zwar im Westen, waren aber nicht repräsentativ. Unsere ersten Touristen waren junge Linksorientierte, mit marxistisch-leninistischer Weltanschauung. Sie waren geklonte Westeuropäer. Wir fühlten uns wie Pinocchio, nachdem er ein braver

Kerl geworden war. Man stahl ihm alle Münzen, die er voller Hoffnung in die Erde gepflanzt hatte.

Diesen Reisegruppen schlossen sich später Mitglieder politischer Parteien und Organisationen an, die Unterstützung aus einem sogenannten Solidaritätsfonds bezogen. Politischer Urlaub. Militärischer, kostenloser Urlaub. Hunderttausende Dollar – ohne jegliche Belege – flossen Jahr für Jahr für diese jungen westlichen Marxisten-Leninisten.

Das arme Albanien bezahlte für sein Bild der *„unbesiegbaren Festung"*, des *„lichtspendenden Leuchtturms"*, um das höchste Ideal des „Weltkommunismus" am Leben zu erhalten. Nicht nur Marxisten-Leninisten und kommunistische Parteimitglieder profitierten über dreißig Jahre vom albanischen Fonds für revolutionäre Entwicklung. Dieser Fonds unterstützte „Befreiungsbewegungen" auf der ganzen Welt. Sie kamen zum militärischen Training nach Albanien. Auf der Landkarte des ideologischen Tourismus war Albanien ein vorrangiges Ziel, wo weder Revolutionäre aus Lateinamerika (Brasilien, Bolivien, Peru, Kolumbien, Chile und Ecuador) noch Kämpfer aus Afrika (Sudan und Kongo) fehlen durften. Die marxistischen Jugendgruppen aus dem Westen waren der enttäuschende Teil dieser touristischen Chronik. Während die anderen kamen, um dem Land nach verrichteter Arbeit den Rücken zu kehren, belogen die westlichen jungen Marxisten uns und verlängerten unsere Agonie, indem sie uns einredeten, dass wir, zwar isoliert, auf dem „richtigen Weg seien, die Besten im Sturm der Geschichte". Durch diese Reisegruppen verpassten wir erneut eine Chance: Wir erspähten Europa durch das

Schlüsselloch – und erblickten das Gegenteil dessen, was uns italienische und jugoslawische Fernsehsender vermittelt hatten.

KINDER DER LITERATUR

Es gibt nicht nur einen Tourismus der Menschen, sondern auch einen der Symbole, metaphorisch betrachtet. An der Fassade eines prachtvollen Gebäudes in der Hauptstadt, wo dereinst unsere literarischen und politisch-ideologischen Bücher gedruckt wurden und heute deutsche „Volkswagen" verkauft werden, eine italienische Bank ihre Dienste anbietet und sich Büros zweier Botschaften befinden, entgehen selbst einem unaufmerksamen Auge weder Sichel noch Hammer, noch der farblose sowjetische Stern.

Durch Durrës fließt kein Fluss, aber Bars und Restaurants mit den Namen von Flüssen aller Welt gibt es dort. Café „Donau". Park-Café „Wolga". Das „Café Krim" in Tirana existiert nicht mehr. Die älteren Bewohner verabreden sich im Gedächtnis der Gefühle. Alles ist unauslöschlich.

Damals übersetzte man keine modernen Bücher des Westens. Die Leute lasen klassische russische Literatur. Sie lasen auch die Literatur des bolschewistischen sozialistischen Realismus. Zum ersten Mal empfanden wir uns zeitgenössisch. Wir sangen dieselben Lieder. Verwendeten dieselben Zitate. Unternahmen die gleichen politischen Aktivitäten. Kleideten uns gleich. Hatten dieselbe Moral und Technologie. Lasen dieselben Bücher in Schule und Freizeit. Globalisierung gab es in den kommunistischen Ländern früher als im Westen.

Sollte uns die Neugier dazu treiben, die Standesregister der fünfziger und sechziger Jahre zu durchstöbern, dann offenbarte sich uns, dass Wunder sich wiederholen und eine Gottheit öfter herabsteigt als vermutet. Junge albanische Mütter wurden schwanger durch das Wort und den Heiligen Geist des Lesens. Die zur Welt gekommenen Mädchen waren die Tatjanas (Larina, von *Eugen Onegin*), die Annas (von *Anna Karenina*) und die Nataschas (Rostowa, von *Krieg und Frieden*). Beim Weiterblättern stoßen wir auf kulturelle Mythen und ideologische Legenden in den Namen Sašenka oder Svetlana.

Auch die Jungs wurden bedacht. Wenn ein Bursche einfallsreich und mutig war, bezeichnete man ihn als „Çapajev". Diesen realen Helden der Propaganda kannte man aus dem Roman *Tschapajew* von Dmitri Andrejewitsch Furmanow. Durch sein Lied *Tschapajews Tod* machte Ernst Busch ihn in den osteuropäischen Ländern populär. Dank der wilden Schönheit der Kriegsliteratur bekamen andere Kinder Namen wie Molotow (Vyacheslav Mihailović), Oleg, Sergej und Alios. Vladimir – das war allen klar – nach „unserem Freund" Lenin.

UNSER ASS IM ÄRMEL

Doch dabei blieb es nicht. Die elterlichen Namenswünsche waren nicht genug. Man sehnte sich nach starken Vorbildern.

Die Benennung der Kinder war nur ein Anfang, es folgten die der Städte, Plätze und Fabriken. Eine kleine Stadt namens Kuçova wurde in „Stalin-Stadt“ umgetauft. Nostalgisch denken viele an die Zeit zurück, als sie im Textilkombinat „Stalin“ arbeiteten. Obwohl wir die Beziehungen zur Sowjetunion abbrachen, behielt eine Kreuzung in Tirana den Namen „21. Dezember“, Stalins Geburtstag. Am 21. Dezember 1990 erwachte die albanische Hauptstadt ohne die Statue des sowjetischen Diktators, doch Namen sind tiefer verwurzelt als Statuen. Noch 25 Jahre nach dem Zusammenbruch des Kommunismus nennen wir den Platz beim selben Namen. Wie gehen wir heutzutage mit der Sehnsucht nach diesen Jahren um? Wie mit dem Optimismus der ersten Tage nach dem Sturz des kommunistischen Systems? Wie mit den symbolischen Übernahmen der alten Bezeichnungen?

Die albanische Provinz des *„Roten Reiches“* brach zusammen, nicht aber der *„Neue Rote Mensch“*. Dieser blieb kreativ. Der ehemalige Platz „21. Dezember“ heißt heute „Mustafa Kemal Atatürk“, zu Ehren des „Vaters der Türken“, dem Gründer der Republik Türkei, dessen Vater albanischer Herkunft gewesen sein soll. Dieser bekannte Platz befindet sich gegenüber dem Kolleg „Turgut Özal“, so benannt zu Ehren des achten Präsidenten der Türkei, der unserer geschwächten Wirtschaftslage besonderes Augenmerk widmete und der albanischen Regierung zu einem Darlehen verhalf. Der allererste Kredit für Albanien als freies und demokratisches Land, vergeben 1991. Der Platz „21. Dezember“ / „Mustafa Kemal Atatürk“. Das Kolleg „Turgut Özal“. An derselben Kreuzung ließ die albanische Regierung symbolisch Schilder mit Entfernungsangaben zwischen Tirana und den europäischen Hauptstädten aufstellen. Das war im Dezember 2010.

Das Jahr, in dem die EU eine Liberalisierung des Visasystems ins Werk setzte: Der Weg in die 27 Länder des Schengenraums wurde den Albanern eröffnet. Auf diesen Schildern stand in Weiß auf blauem Hintergrund geschrieben: Ohne Visum. Paris. Berlin. Madrid. Amsterdam. Rom. Athen. Wien. Venedig. Barcelona. Stockholm. Zürich eine Stunde… Prag 01:40...! Erstarrte Fixpunkte aus einer Zeit, in der die Menschen glaubten, durch Gewalt und Revolution die Welt verbessern zu können. Die Syntax ist eine Art von Diktatur. *„Lösche das Alte aus dem Herzen / die Straßen sind Pinsel / die Plätze sind unsere Farbpaletten"*, schrieb Wladimir Majakowski in den ersten Tagen der Revolution.

Der ehemalige Platz „21. Dezember" ist auf der ausgedehnten Fläche der Stadt ein Punkt, der alle anderen Punkte verbindet, als sei er ein ideologisches Aleph. Fast alles dreht sich um den Platz „21. Dezember" zu Ehren Stalins. Vom Wilson-Platz sind es nur sieben Gehminuten bis zum Südwesten des Atatürk-Platzes. Der Bukarest-Platz befindet sich östlich davon, zu Fuß nur zehn Minuten entfernt. Der Platz „Italien" liegt nur fünf Minuten entfernt, „Frédéric Chopin" nur 15 Minuten. Gleich weit in anderer Richtung befindet sich der Skanderbeg-Platz. Vom Atatürk-Platz sind es nur zehn Kilometer nach Kamëz, eine Gemeinde mit 100 000 Einwohnern auf einer Fläche von 37 Quadratkilometern.

Selbst nicht in den phantastischsten Filmen ist der Mensch in der Lage, mit derart rasanter Geschwindigkeit von „Amerika" nach „Rom", von „Dubai" nach „Stockholm", von „Australien" nach „Monte Carlo" und von „Deutschland" nach „Skopje" zu reisen, wie zu der albanischen Gemeinde Kamëz. Der Urkontinent Pangaea! Die Kontinente vereinen sich auf der Karte der albanischen Hauptstadt. Es scheint, als sauge ein Schwamm alle Städte und Länder der Welt auf, um sie in parallele Gassen von Tirana zu verwandeln. Nicht nur Städte, auch Straßen mit den Namen „Nicolas Sarkozy" und „Silvio Berlusconi" finden wir an diesem dystopischen Ort.

Wir befinden uns abermals nur zehn Kilometer vom Atatürk-Platz entfernt, einst „21. Dezember". Richtung Westen? Richtung Osten? In den späten dreißiger Jahren verortete der albanische Linguist Eqrem Çabej die Albaner kulturell *„an der Grenze zwischen West und Ost"*. Albanien habe sich dem Westen aber eher zugewandt als seinen Nachbarn. Im Jahr 1990 erklärte Ramiz Alia, unser damaliger kommunistischer Führer und Präsident, Albanien sei politisch weder östlich noch westlich orientiert.

KULTURMIGRANTEN

Ich bin Vater von Zwillingsjungen, die von 2013 bis 2015 Kulturemigranten in Wien waren. Kulturelle Emigration ist heute weitverbreitet. Die Formel ist einfach: Albanische Eltern opfern fast alle Ersparnisse für die Ausbildung ihrer Kinder im Ausland. Diese Art von Emigration gegen Ende des 20. Jahrhunderts ähnelte dem einstigen *Nizam*-Dienst.

Die Richtung hat sich allerdings geändert. Die Kulturemigranten von heute bevorzugen den Westen. *Go West!* Die Eltern haben es verstanden: Wissen ist wie eine Armee, ist die Kraft, ist die Macht. Die ehemaligen Reiche sind wieder das Ziel.

Auch etwas anderes ist gleichgeblieben: *Nizam* und Kulturemigranten kehren selten in ihre Heimat zurück. Und wenn das geschieht, dann nicht mehr als die gleichen. Sie fühlen sich anders. Sie sind Rückkehrer, die seltsamsten unter den Emigranten. Repatriierte in ihrer Heimat. Wenn meine Zwillinge in Wien geblieben wären, hätte man sie daran erinnert, dass albanische Adlige und Fürsten zum ersten Mal 1917 in Wien die Oper *Fidelio* von Beethoven besucht haben. Wahrscheinlich nicht zufällig. Leonore, die wie ein rettender Engel vom Himmel herunterkam, war Österreich und befreite Florestan, die inhaftierte politische Geisel. Jemand könnte sie sogar daran erinnern, dass in dieser Delegation keine Frau war und die albanischen Männer den Saal in goldbestickten traditionellen Gewändern betreten hatten. Daraus könnten meine Zwillinge schlussfolgern, dass sie über weitere Generationen hinweg Balkanbewohner bleiben würden, „Österreich-Albaner“. Doch im Sommer, wenn sie zum Urlaub nach Albanien zurückkehrten, würde man spottend *„He, Kaiser! – du König!“* murmeln, um sie daran zu erinnern, dass sie immer in einer Zwischenwelt bleiben werden, halb geflohene Österreich-Albaner, halb Einwanderer im eigenen Land.

BOOTE AN DEN FÜSSEN

Nur bei wenigen Meereskulturen und europäischen Küstenstaaten, wie Albanien, wurden ihre Beziehungen zum Meer in Zweifel gezogen oder gar in Abrede gestellt. Es existieren sogar akademische Arbeiten zum *„Mangel an Meereserinnerungen bei den Albanern“*, die den Gebrauch des Meeresvokabulars und das Vorhandensein oder Fehlen von Begriffen der Seefahrt und Fischerei in der albanischen Sprache untersuchen.

Diese Fragestellung ist provozierend, doch die Probleme, mit denen Europa heute konfrontiert ist, sind anderer Natur. Die Fragen bezüglich der Migranten aus Eritrea, Syrien, Afghanistan oder dem Irak haben keinen philologischen Charakter. Um sie zu beantworten, bedarf es keines Wörterbuches.

Hier kommt mir ein Gedicht in den Sinn, das ich vor über zwanzig Jahren schrieb. In jenem Text tragen Albaner Boote und Schiffe an den Füßen. Jene Boote und Schiffe sind ihre Schuhe und Opanken, mit denen sie nicht in eine neue Heimat, sondern in die Fremde laufen.

Die Vorstellung von Menschen, die statt Schuhe Boote anziehen, ist täglich präsent. Wann immer wir fernsehen, Zeitung lesen oder miteinander sprechen – auf der Straße, bei der Arbeit oder im Café –, stoßen wir nicht auf Menschen, sondern auf Exodus, Flucht, Meereskatastrophen. Das Meer heute ist nicht mehr so, wie es auf Ansichtskarten abgebildet wird. Dieses Meer ist nicht mehr der alte Freund des Jungen, der es voller Bewunderung und Ehrfurcht betrachtete. Das heutige Meer ist eine gefährliche Arena, wo Menschen ums Überleben kämpfen.

Es sieht aus, als näherten sich Kontinente und Halbinseln einander an, als rauschte der afrikanische Kontinent Richtung Europa, als wäre er ein gigantisches Kriegsschiff, überfüllt mit Menschen. Die Wirtschaftsflüchtlinge vom Balkan ziehen über den Landweg. Griechische Küsten werden alltäglich von einer „Flüchtlingsinfanterie" angegriffen. Ebenso die Küste Italiens, überfallen von einer „Flüchtlingsmarine". Kein neuer Krieg ist erklärt worden.

Wer blieb jenseits der griechischen Mauer? Wer jenseits der mazedonischen Grenze?

Wieder ein Gegenüber: „wir" und „sie". Sprachliche Mauern erheben sich ebenso rasch wie der Zaun aus Stacheldraht an der Grenze zwischen Ungarn und Serbien. Hinter der transparenten Wand verkünden wir unsere Arroganz: „WIR sind Europäer! SIE sind Ausländer, Barbaren!" Reden der politischen Führer rufen mir die alten schwebenden Fässer in Erinnerung, im autokratischen Meer meiner Kindheit. Jene begrenzenden Fässer rieten mir an, den erlaubten Meeresstreifen nicht zu überschreiten.

Jene Fässer lehrten mich die Worte: „Wage es nicht! Halte Abstand! Bleibe fern!"

MEER DES ARGWOHNS

Meine Empfindlichkeit beim Thema Meer und maritime Tragödien beruht auf dem traurigen Schicksal Tausender Albaner als *naufragi.* Seit Jahrhunderten, besonders auch in den letzten 15 Jahren, haben Hunderte von Albanern ihr Leben vor Otranto verloren. Diese nüchterne Tatsache regt zu der Vorstellung an, dass ein anderes Albanien als dieses am Ufer liegende, am Fuße der Berge ruhende, ertrunken und für immer im Meer versunken sein könnte. So pathetisch die Wendung John Donnes *„Jedes Menschen Tod ist mein Verlust, denn ich bin Teil der Menschheit"* auch klingt, sie verdeutlicht, dass es uns genauso trifft, wenn wie einst Albaner nun Afrikaner im Mittelmeer ertrinken. Sie sind auch *naufragi*, wie die Helden der europäischen Literatur vergangener Zeiten. Frauen verloren dramatisch ihr Leben im „grausamen Mittelmeer", in der Ägäis, der Adria, dem Tyrrhenischen Meer, dem Ionischen, in der Bucht von Korinth oder Messina, sie ertranken wie Shakespeares Ophelia. Ertrunkene Männer gleichen Victor Hugos Javert. Ertrunkene Kinder mit Spielzeugen in der Hand erinnern an Pinocchio im Bauch des Wals. Sie ertrinken wie einst der chinesische Dichter Li Bai. Jeder Ertrunkene an der Küste Liguriens ist der Dichter Percy Bysshe Shelley, der während eines Sturms in der Bucht von Livorno sein Leben verlor, nachdem er *In The Deep Sea of Misery* geschrieben hatte. Ertrunkene Mädchen in unserem Meer sind Virginia Woolf, die mit Steinen in den Manteltaschen ihre Seele aushauchte.

Wie fanden die Wörter „Notlager“, „Grenze“, „Stacheldraht“ in unser Gedächtnis zurück? Aus Deutschland auf den Balkan zurückgekehrte abgelehnte Asylbewerber errichten Flüchtlingslager für Syrer, die vor dem Krieg flohen.

Ich komme wieder auf das Wort „Fass“ zurück. Dieses Wort ruft auf dem Balkan traurige Erinnerungen hervor. „Balkan – Pulverfass Europas“, Otto von Bismarck prägte diesen Ausspruch, nicht wahr? Durch die „schwebenden Fässer“ verwehrte das ehemalige Albanien seinen Bürgern die Verbindung zu Europa. Das Albanische Meer wurde mit solchen Fässern „bepflanzt“. Statt eine Brücke zu sein, wandelte sich unser Meer zu einer Barriere. Heute präsentiert sich das Mittelmeer eher als Pulverfass denn als eine Brücke. Kinder italienischer Emigranten, ausgewandert vor einem Jahrhundert, erheben ihre Stimmen gegen Flüchtlinge: „Es wäre besser, wenn sie am Meeresboden ertrinken.“ Spüren wir ein Gefühl der Katharsis, wenn wir das Gedicht *Mar Português* von Fernando Pessoa hören und uns an seine Verse *„Du salziges Meer, wie viel von deinem Salz ist Tränen Portugals entflossen*!“ erinnern? „Sind Fässer, Grenzstreifen, Stacheldraht und Zäune Symbole des neuen Europas?“, frage ich mich, in Erinnerung an Walter Benjamin und die Zeit, in der er schrieb *„Schneller als Moskau selber lernt man Berlin von Moskau aus sehen“*. Beim Zurückdenken an Europa stelle ich mir *Mare Nostrum* als einen rettenden Gürtel vor, der Verlorenen auf See hilft. Meine Gedanken kreisen um Menschen, die sich in explosive Fässer verwandeln, an Flughäfen, öffentlichen Plätzen und U-Bahn-Stationen. Jemand hat den Faden verloren. Die Gesellschaft?

Die Institutionen? Der große Gott macht sich keine Sorgen, wenn Menschen im Mittelmeer ertrinken. Wie der orientalische Derwisch bei *Candide*, der sich nicht den Kopf darüber zerbricht, ob die Ratten an Bord seekrank werden.

Ich befinde mich ja wieder in einer Zeit satirischer Aufklärung, wo man seine Pflicht mit der Verspottung des Bösen erfüllt hat. Sarkasmus – als niedriger Ausdruck des Scharfsinns, aber der höchsten Form der Intelligenz – ist kein ausreichendes Stilmittel mehr. Lassen Sie uns am Ende der Reise an den blinden Meister erinnern, der die Geschichte eines Helden in einem Labyrinth erzählt. In einer Hand trägt er sein Schwert, in der anderen einen Faden, um den Weg nicht zu verlieren. Das Schwert ging schon verloren, der Faden auch. Auch das Labyrinth mit seinen endlosen Gängen ist verschwunden. Normalität ist, sich nicht der Hoffnung hinzugeben, zu glauben, falls es ein Labyrinth gäbe, gleich unserer Welt, müsse zwingend auch ein Faden vorhanden sein, der den Ausweg weist und Rettung bringt. Neben dem Schwarzen, Roten und Weißen Meer ist durch die Angst vor Fremden ein neues Meer, eine weitere Grenze hinzugekommen: das Meer des Argwohns. Wir finden es auf keiner Karte, außer der in unseren Köpfen, durchtränkt mit unserer Mentalität, gerade in solch düsteren Zeiten, die nicht von Kultur beherrscht werden, sondern von kommerzialisierten, oberflächlichen Informationen, von unreifen, schlechten Nachrichten und voreiligen, falschen Botschaften, die wir einander übersenden.

QUADRAT IM SCHACHFELD

ILLYRER, MYRMIDONEN, AROMUNEN UND ZIGEUNER – BALKANISCHE ERINNERUNGEN

„... nicht wir sind es, sondern etwas,
was uns gehört."
Nach einem Gedicht von Azem Shkreli (1938-1997)

IN MEINER KINDHEIT waren die Jahreszeiten nicht einfach nur Jahreszeiten, die sich durch Naturphänomene unterscheiden. Für mich waren sie mehr als nur Folgen der Erdrotation; es waren heilige Zeitspannen der Menschen, die in meiner Welt verkehrten, wie Kaufleute, Meister, Künstler und Handwerker. Oftmals erschienen sie mir wie antike Krieger, die nicht mit Kriegswaffen kämpften, sondern mit ihren kleinen, einfachen Werkzeugen. Obwohl es seltsam erscheinen mag, hatten sogar ihre Namen einen antiken Klang: Es kommen Bosnier ... Mazedonier ... Aromunen ... Griechen ... Serben … Montenegriner... Diese Namen klangen in meinen Ohren wie „Die Illyrer kommen ... die Spartaner ... die Myrmidonen …" Die Barbaren kamen, so wie es Konstantin Kavа́fis in seinem Gedicht Warten auf die Barbaren beschreibt.

Der Beginn des nahenden Herbstes machte sich nicht nur durch Regen und Wolken bemerkbar, sondern auch durch allerlei Rituale und Flüche, in denen meine Verwandten ihren Häuserbauer , „unseren Mazedonier", verwünschten, weil er niemals pünktlich war, wenn es um die Reparatur von verschimmelten Wänden und undichten Dächern ging.

Danach warteten wir auf den „Heimatlosen“, „unseren Bosnier“: einen Mann mit gepflegtem Schnurrbart und einer Uhrenkette, der sich aus dem kleinen Dorf Shijak auf den Weg machte, um meinem Opa Tabak aus getrockneten, gelben Tabakblättern zu bringen. Auch frisches Gemüse, das er selbst anbaute, fand sich für unsere Familie in seiner Tasche. Vor allem die Tomaten, rot wie reife Äpfel, sind mir im Gedächtnis geblieben, wie auch ein paar reife Früchte, die speziell für uns Kinder bestimmt waren.

Sobald sich der Frühling mit ersten Zeichen am Himmel und in unserem Garten ankündigte, wussten wir, die Zeit des stürmischen Auftauchens des Kanalarbeiters, „unseres Aromunen“, war gekommen. Das Handwerk dieses Menschen war die Instandhaltung der Bewässerungskanäle und Abflussleitungen, in meiner Vorstellung aber erschien er mir oft in Gestalt eines Magiers. Wie ein echter Zauberer wirkte er vor allem, wenn er mit seiner Arbeit fertig war. Wenn er seine mit Lehm verschmierten Hände gewaschen und sich hingesetzt hatte, begann er die heilenden Eigenschaften des salzigen Schlammes der Lagune; die sich unweit unseres Hauses befand, zu loben, pries die Blutegel, die nicht nur Krankheiten zu heilten vermochten, sondern auch menschliche Laster. Weil der Kanalarbeiter selbst fest daran glaubte, beharrte er darauf, uns davon zu überzeugen, dass dieser Lehm ein Heilmittel sei und die Blutegel von Gott gesandt. Ich entsinne mich noch genau seiner Worte: „Er hat sie auf der Erde ausgesetzt, erteilte ihnen die Mission, uns von allem zu reinigen. Habt keine Angst! Tötet sie nicht! Sie sind heilig. Sie saugen das Böse aus uns heraus. Die Blutegel erledigen die gleiche Arbeit für den Menschen, wie Bäume es tun: Sie reinigen. Die Blutegel das schwarze Blut, die Bäume die schmutzige Luft. Die Blutegel, die Bäume und Jesus Christus sind Heilige, sind eine heilige Trinität“, triumphierte er abschließend.

Nicht nur wir Kinder, auch die Erwachsenen wussten es: Mit Beginn des Sommers würden die Roma, jene „Zigeuner aus Indien“, in unser Viertel zurückkehren, in die Gegend, wo ich aufwuchs, irgendwo am unteren Rand des Sumpfes von Durrës. Hier wollte, so die Überlieferung, unser einstiger Führer Gjergj Kastrioti Skanderbeg ein anderes Durrës bauen, ein Durrës voll von Wasserstraßen, eine Stadt, wo sich die Menschen mit Booten und Gondeln besuchen konnten. Eine Art Venedig, meinten die Ahnen. Ein Venedig. Ein Venedig. Das war Skanderbegs Traum, doch niemand wusste zu sagen, oder vielmehr: Niemand konnte sich daran erinnern, wer ihn mehr betrogen hatte: die Venezianer, unser adliger Führer oder jene Kaufleute aus Durrës, die ihm die unglückseligen versprochenen Fonds nie gaben, um Durrës in ein von Wasserstraßen durchzogenes Venedig zu verwandeln. Der Roma, derjenige der auch „Vagabund“ und „Raxh Kapur“ genannt wurde, erstaunte mich sehr. Voller Verwunderung versuchte ich herauszufinden, wo er Schwert und Schild verborgen haben könnte! Er war nicht wie die Römer gekleidet, die ich im Kino gesehen hatte. Er hatte weder eine Toga noch einen Helm, sondern nur ein paar Riemen, Haken und Ösen sowie ein glitzerndes, geblümtes Hemd, das einem in die Augen stach. Unser Roma war anders als die richtigen Römer. Er brachte Nägel statt Waffen.

Unser Zigeuner reparierte Schubkarren, befestigte die Achsen der großen Räder am Karren und erledigte sämtliche Handwerksarbeiten, während seine fröhlich lächelnde Frau den jungen Mädchen liebevoll ihr künftiges Glück aus den Linien ihrer zarten Hände vorhersagte. Außerdem verkaufte sie Schals, Spiegel und Mehlsiebe. Gerne denke ich an jene Momente zurück, als die Roma am Lagerfeuer auf den Feldern kleine Zirkusnummern für uns Kinder aufführten. Dann verließen sie uns. Sie gingen irgendwohin zurück. Nach Indien oder nach Rom – ich habe es nie erfahren. „Vielleicht sogar ins Gefängnis", hörte ich einmal jemanden sagen.

Mit dem Ende des Sommers war ein anderer Mann gefragt, der Schmied. Mit seinem Namen assoziierte ich einen „Eisenmann". Wo ist der Wanderzigeuner, „unser Ägypter", der angeblich aus dem Land der Pharaonen und des Nils stammte; derjenige, der unsere Brotmesser und die Messer für das Bayram-Opfer schärfte, der Utensilien und die Arbeitswerkzeuge reparierte, der unsere Zelte, Blechkannen und Blechwannen richtete? Aber auch der Schmied brachte uns nur Nägel, wie schon die Roma zuvor. Es gab Menschen, die glaubten, dass unter all den Dingen, die diese Ausländer zu uns brachten, gerade die Nägel verwunschen und verflucht waren. Darunter litten die Roma: Nirgendwo blieben sie sesshaft, geradeso als würde sie jemand vertreiben. Diese Nägel waren die Nachfahren oder, besser gesagt: die Erben jener sündhaften Nägel, mit denen einst Jesus Christus ans Kreuz geschlagen wurde. Weil ich diese Geschichten stets eingetrichtert bekam, hatte ich Angst, die Nägel zu berühren. Eher hätte ich eine Schlange angefasst. Waren es die Nägel der Roma oder die Nägel des Schmieds? Und woher sollte ich wissen, welches verfluchte und welches gesegnete Nägel waren? Wie konnte ich unterscheiden zwischen den Nägeln, die zur Kreuzigung Jesu benutzt worden waren, und denen, die er als Zimmermann selbst verwendet hatte? Der Roma lachte. Der Schmied sang. Aber niemand antwortete mir. Ich erinnere mich noch immer an die Melodien der Lieder, die der Schmied bei seiner Arbeit in den hinteren Gärten unseres Stadtviertels sang. Der Schmied hatte noch ein Talent, das nur die Eltern im reiferen Alter zu schätzten wussten: Wenn man mit dem Gedanken trug, eine Hochzeit vorzubereiten, und dazu war natürlich ein Orchester vonnöten, war er der richtige Mann, an den man sich wenden konnte, denn er hatte immer eine Lösung parat.

Ich werde jene heißen Nachmittage nie vergessen, an denen mir die lästige Stimme „unseres Nordalbaners“ den Schlaf raubte, während ich versuchte ein Nickerchen zu machen: ein „Gege“, der mein Trommelfell mit seiner rauen Stimme fast zum Platzten brachte. Ich vermute, dass er keine Lust hatte, durch alle Gassen zu gehen, deswegen schrie er von jeder Ecke die Namen der Getränke und Leckereien, die er verkaufte: „Hier gibt es Chicha, Kekse, Süßigkeiten! Hier gibt es Chicha, hier!“ Die Stimme des Geges war noch lauter als die Stimme des Muezzins, der von der Spitze des Minarettes der nahegelegenen Moschee zum Gebet rief. Insbesondere wir Kinder glaubten, dass die hohe Stimme des Hodschas für immer und ewig der Stimme des Geges unterlegen war, wie in aller Regel die Stimme des Glaubens von jener des Marktes übertönt wird.

„Unser Bosnier...!“ „Unser Aromune...!“ „Unser Zigeuner...!“ „Unser Griechen...!“ „Unser Ägypter...!“ „Unser Gege...!“ „Mein Bosnier...!“ „Mein Aromune...!“ „Mein Zigeuner...!“ „Mein Grieche...!“ „Mein Ägypter...!“ Durch diese Namen eingelullt, stellte ich mir vor, ein Pascha zu sein, der leibhaftige Pascha meines eigenen Reiches – eines kleinen natürlich, so wie das Gärtchen meines Großvaters. Und all diese „unser“ und „mein“ erschienen mir als verzauberte Wesen. Diener, kluge und kenntnisreiche Sklaven, die von weither kamen, um mich zu lehren, dass die Welt groß war, etwas größer als mein Gärtchen, das Reich, wo ich meine Kindheit verbrachte.

Währenddessen arbeitete „unser Volk“, der Großvater, die Großmutter, die Onkel, die in unserer Nähe wohnten, die Nachbarschaft und ihre Kinder, in den gleichen Berufen wie andere Menschen auf der Welt: im Gartenbau, der Landwirtschaft, in der Fabrik, wo Werkstücke und Werkzeuge produziert werden, Möbel, Metall- und Holzboote, Zigaretten „DS“, Rotwein „Merlot“, Weißwein „Riesling“, Seife, Kunststoff- und Glasgeschirr, Papier und Nägel, aber andere Nägel, wirklich andersartige, als die vom Zigeuner oder Schmied.

Trotzdem erschien mir unser Stadtviertel wie eine Kooperation vieler Nationen; jedes Haus, jede enge Straße, jede Ecke und jede Gasse bewohnt von Meistern, Handwerkern und Händlern aus aller Herren Länder, die uns bei der Erledigung so mancher Hausarbeit zu Hand gingen. In Wirklichkeit waren sie ein Teil von uns. Jene imaginäre Welt, jener Zusammenprall der Kulturen, der Menschen, von denen man nicht wusste, woher sie kamen, die sich jedoch nicht zufällig dort befanden, bereicherte unser Leben. Auf eine gewisse Art und Weise erweiterten diese Menschen meiner geschlossenen, begrenzten Nachbarschaft die bereits vorhandene Dimension des Kosmopolitismus. Diese erfreulichen Charaktere kreisen immer noch in meinem Gedächtnis, als Bestandteil der schönsten Erinnerungen. Ich bin mir nicht sicher, ob noch einer dieser Menschen lebt; für mich sind sie stets präsent. Solange ich leben werde, sind sie durch ihre vorbestimmten Berufe und Handwerk auf ewig dazu verdammt und verurteilt, für immer die gleiche Arbeit zu verrichten: „Unsere Häuserbauer", der verschimmelte Wände richten und undichte Dächer reparieren wird; „unser Bosnier", er, der gute Jemand, der Auswanderer mit der Uhrkette, der auf ewig Tabak und herrliche Früchte verkaufen wird; „unser Aromune", der die Kanäle säubern und seine weisen Botschaften von den heilenden Eigenschaften des salzigen Schlamms, von den heiligen Blutegeln verbreiten wird; der Besucher vom Nil, „unser Ägypter", der die Sense schärfen, Werkzeuge und Zelte reparieren wird; und „unser Zigeuner", der das machen wird, was er am besten kann: das Schicksal prophezeien oder gebackene Kastanien verkaufen; und der letzte unter den hier Genannten, ein Gege, „unser Nordalbaner", der mit seinen Köstlichkeiten unser Leben versüßen wird.

Es tut mir sehr leid für diese Menschen. Es tut mir leid, dass sie an jener Haltestelle festsaßen. *Game over!* Ihre Entwicklung ging nicht weiter. Die Evolution war für sie beendet. In meiner Erinnerung waren sie festgefroren, ähnlich Kreaturen in einem Labor, in Gläsern mit Formaldehyd schwimmend. Sie waren dazu verurteilt, ein Leben lang die gleiche Arbeit zu verrichten. Die anderen Aufgaben waren uns vorbehalten. Egal, ob nun die Notwendigkeit, Dächer zu reparieren, Entwässerungsleitungen zu öffnen, Nägel zu kaufen oder Schubkarren, Wagen und Werkzeuge zu reparieren, bestand oder nicht, meine kindliche Erinnerung wird nach diesen Figuren verlangen, wird sie in den Tiefen meines Gehirns suchen. Und sie werden antworten, werden zurückkehren, um die immer gleiche Arbeit zu tun: sie, unsere Sklaven, unsere Meister, unsere Diener, unsere Magier, unsere Götter, die unser Schicksal aus den Handflächen prophezeiten. War das festgefahrene Gedächtnis vielleicht der wage Ausdruck eines aufkommenden routinierten Nationalismus? Oder war es Hüter des Epos eines längst verloren Paradieses? Heute begreifen wir es. Diese Welt ist Vergangenheit. Jene Menschen und mit ihnen ihr Handwerk und ihre Berufe sind verschwunden. Ihr nomadisches, multikulturelles Leben in den Städten ist zum Erliegen gekommen, sie verweilen in Ungewissheit, wissen nichts mit ihren Händen, die einst so vieles konnten, anzufangen: „Hier: Zelte, Blechkannen, Blechwannen, wer soll sie fertigstellen?“

Das Vorurteil ist geblieben. Es konnte überleben. Es war stärker als alles andere. Das markierte Quadrat im Schachfeld ist noch da. Es existiert. Ja, ja, aber es existiert an einem Ort, an dem wir alleine sind und vor uns selbst stehen: wir und unsere Mitmenschen. Unser Volk. Und auch ich, mitten unter ihnen.

ÇORBA

EIN TRADITIONELLES ALBANISCHES GEHEIMREZEPT ODER DAS LEBEN IN DEN VEREINIGTEN REGIONEN VON ÇORBA

Es ist inzwischen bekannt, dass es unter dem verallgemeinernden Namen des Balkans viele Unterschiede existieren. Unsere Gesichter und Sprüche tragen anscheinend die Merkmale des ländlichen Reliefs unseres Geburtsortes. Die Tanzarten und Zweikämpfe, die Sprachen, die Verschlossenheit und die Umzingelung, die Öle und Salben für Wunden, die Ornamente auf den traditionellen Kleidern und die Art und Weise des jeweiligen Auftretens, die Glückwünsche und Flüche, die verpönten und gesegneten Berufe, die Symbolik der geheimnisvollen Liebe und das Verspotten des „Sprechens auf Anspielungen", das blinde Vertrauen; die euphorischen Versprechungen aufs Schnellste gemacht, mehr aus dem Wunsch heraus als aus der Pflicht sie zu halten; die Namen der Menschen, Gebirgspflanzen oder sogar jener Vegetation, die der Adriawind mitbringt, wenn er über die Höhen und durch die Tiefen des Kontinents fegt. Die Reste der antiken, das Kreuz und den Halbmond, etwas „in Vergessenheit geriet" und unverändert blieb, jedoch – die Tempel, auf die wir die neuen bauen, ohne einen Gedanken zu verschwenden. Die Zypresse, die an allen Tempel und Gräber gleich gedeiht, die mit dem Gesicht nach Osten und den Füßen nach Westen zeigt; die Winde in der Land-See Richtung, und die, die in allen Richtungen wehen; die gezüchteten Zugvögel der Felder und Küstengebiete, und die Raubvögel mit Schnäbeln und Krallen, die bei uns bleiben und sogar im langen Winter uns nicht verlassen - aber jetzt balkanisch Gezähmte.

Das erinnert uns wie verschieden wir sind, auch wenn wir uns alle als Balkanbewohner bezeichnen, auch wenn die anderen uns als gleich definieren, verweichlicht, auch wenn letztendlich Sting, als habe er nur für uns gesungen: *„...that nothing comes from violence and nothing ever could / for all those born beneath an angry star / lest we forget how fragile we are...“* Aber die geografischen und naturbedingten Unterschiede des Balkans haben den Geist der Balkanbewohner berührt und verändert. Dies muss gesagt werden, falls wir das nicht mit offenen Armen empfangen wollen, dass wir eben auf diese - oder auf eine andere Weise geboren worden sind..., so wie der Dichter Fishta uns in seinem Poem *„Lahuta e Malcis“* – „Laute des Hochlandes“ beschreibt: *„Uns trennt das Blut und die Religion / In Flucht mit einander sind wir geboren / Zwischen uns liegt ein Himmel und eine Erde!...“* ein Fragment aus *„An der Brücke von Rrzhanica“* oder auch *„born beneath an angry star“*.

Aber unter den Veränderungen bleibt natürlich immer ein wenig Luft auch für die Ähnlichkeiten. Als schütze man einen alten, geheimen Bund, bewahren die Balkanbewohner strengstens einige Dinge, die nicht unbedingt heilig sind, die sie zunächst einander annähern und dann vereinigen. Aber was haben die Balkanbewohner gemeinsam? Was ist das für ein Ding, das sie selten zusammenbringt und verbindet? Die Probleme mit dem Gedächtnis? Der Schmerz? Die Gewissensbisse? Die Freunde oder die Feinde? Das Schicksal oder die Grenzen? Die Vergangenheit oder die Zukunft? Diese Menschen, die angefangen haben, das Wort darüber zu verbreiten, die Gräber voneinander zu entfernen und die Strände zusammenzubringen, wissen in der Tat nicht einmal selbst darüber Bescheid. Und nicht nur diese...

Ich erinnere mich, dass es vor einigen Jahren nicht so viele von den Menschen gab, die die Antwort eines Historikers auf die Frage, „Was haben die Balkanbewohner gemeinsam?“, für einen Witz hielten. Noch weniger waren diejenigen, die verstanden, dass der Historiker wahrscheinlich Recht hatte, als er fast tragisch jene einzelnen Namen nannte, die er in einer tragischen Art und Weise artikulierte, während er sagte, dass die Türkei das Gemeinsame der Balkanbewohner ist!

Auf eine solche Frage: „Was haben die Balkanbewohner gemeinsam?“, hätten viele die Gelegenheit gehabt sich zu öffnen, ganze Bücher zu schreiben, aber aus diesem Standpunkt können wir Euphemismen und Spekulationen verbreiten, mehr als durch einen gewöhnlichen, ins Sumpfwasser geworfenen Stein.

Um die leicht zynische Antwort fortzuführen, welche ursprünglich mit Wohlklang begann, nicht bösartig dem Historiker gegenüber gemeint, sollte man vielleicht ein weiteres Element hinzuzufügen, das uns, die Balkanbewohner verbindet und uns in guten wie in schlechten Zeiten zusammenhält. Dieses Element heißt Çorba.

Den Grund des Gebrauchs von Çorba als Verbindungselement geben die Balkanbewohner selbst. Von den Bergketten voller wunderbarer Skipisten Sloweniens (das auch vor dem EU-Beitritt keine Begeisterung zeigte, ein Teil des Balkans zu sein) bis hinunter nach Bulgarien kennen die Balkanbewohner sie, bereiten sie zu (sogar mit Leidenschaft), jene nicht so feine Delikatesse, die überall sogenannte Çorbë / Çorba. Sie wird von allen gekocht, unabhängig von Herkunft, Merkmalen, Sprache, Geschichte, Sozial- und Glaubenssystemen.

Hier, genau an diesem Punkt scheinen wir eine weitere Gelegenheit in Erwägung ziehen zu können, mindestens noch einmal den Bogen zu spannen und mit ihm den letzten Pfeil abzuschießen, während man sich die Trennlinie von Jireček in Erinnerung ruft. Diese imaginäre Linie von Konstantin Jireček, die von dem albanischen Industriestädtchen Laç bis zum Schwarzen Meer nach Varna zieht, teilt die Balkanbewohner nach den lateinischen und griechischen Einflüssen, die nicht imaginäre Linie von Çorba vereint sie wieder.

Diese Linie – die Linie von Çorba – scheint die Balkanbewohner so nahe miteinander zu verbinden, dass auch heutzutage diese Fläche von 550.000 Quadratkilometern, die von den alten Türken *Balkan* und den alten Griechen *Haemus* genannt wurde, *die Vereinigte Regionen von Çorba* genannt werden kann, wenn uns natürlich die Wiederverwendung der „Kommunikation Bypass“ von George Orwell erlaubt ist!

Um diejenigen, welche geringe Kenntnisse über den Balkan und das, was Balkanisch ist, besitzen, symbolisch auf die Sprünge zu helfen, möchte ich mich bemühen, auf wenigen Ebenen und mit wenigen Worten mit erweiterter Semantik erläutern, was der Begriff „Çorba“ für uns Balkanbewohner beinhaltet und welche Bedeutung er eigentlich hat. Einfach nur ein Gericht...? Ein identisches Element...?

Wenn man den Namen Çorba erwähnt, stellen wir uns fast immer eine dicke Suppe vor, die die Balkan-Völker nicht nur sorgfältig, sondern auch leidenschaftlich kochen. Und wie wir wissen, ist die Leidenschaft für die Balkanbewohner das Gefühl, das sie übermannt, wenn sie bis über beide Ohren verliebt sind, wo das Verlangen, die Erregung, die Neugier, die Sorgfalt, die Gier, das Misstrauen und die Angst beteiligt sind, mehr oder weniger wie beim Zubereiten von Çorba. Hier, genau in dem arabischen Wort „märāqī", (Leidenschaft) das zu uns, wahrscheinlich durch das Türkische „merak" kam, und das sechs Bedeutungen beinhaltet, die nicht immer miteinander harmonieren, scheint die ganze balkanische Genialität des Kochens von Çorba verborgen zu sein. Die Versuchung ist groß, ebenso wie das Ausprobieren.

Auf der einen Seite sollte die balkanische Çorba genauso aussehen wie die allererste ÇORBA, „die ursprüngliche Çorba", beschrieben als „Wasser..." oder „Fleischbrühe" und gekocht und gekocht *ad libitum*. Doch trotz der balkanischen Herkunft, sollte Çorba eigentlich, so gut wie die persisch-türkische Çorba sein, diejenige, die als erstes etymologisch *šūrbā* - Çorba genannt wurde. Aber um in anderen Gegenden zu überleben, wie zum Beispiel auf dem Balkan, wandelte sich die Çorba wie ein Wanderer, der nur durch die Anpassung an die Kultur und Sitten des jeweiligen Landes überlebt. So braucht man einige Zutaten und ethnisch-lokale Mischungen, die sie verfeinern, stärken und unserer Çorba die balkanische Identität verleihen. Wir können diese Elemente nur dank vererbter Eigenschaften, von unseren so friedlich miteinander umgehenden Vorfahren, verwenden. Und oft gelingt es uns gegenseitig einen runden Tisch zu decken, an dem unser erlesenes Mädchen, unsere Çorba, die von einem Künstler, der mit ganzem Herzen bei der Sache war, gekocht wurde, aufgetischt wird. An diesem Punkt angekommen, sollten wir doch vielleicht eine letzte Allegorie erwähnen. Wir sollten Missverständnisse aus dem Weg räumen und klarstellen, dass das Kochen der balkanischen Çorba mit mühevoller Arbeit und Folgen verbunden ist. Nun lassen sie mich ein Faktum erläutern.

Das Faktum: die Zutaten. Damit die Balkan-Çorba köstlich schmeckt, sind außer dem Wasser im Kochtopf auch notwendig... : *eine Missverständnis-Pfanne, eine Aluminiumsuppenkelle mit Verachtung, ein Schöpflöffel Nationalismus, ein Esslöffel Beleidigung, zwei oder drei Stück feuriger Chauvinismus, eine Menge Extremismus, zusammen mit ein wenig nationalem Egoismus, etwas kollektivem Wahn und extremer Intoleranz, einige Paradoxa, notwendig anstelle von Gewürzen, genauso wie einige Geister – gargekochte oder frische* (Fragt mich nicht warum Geister, ihr wisst es doch. Die Antwort ist nicht in Erdkundebüchern zu finden, in denen die geografische Lage der Länder dargestellt wird, sondern in den historischen Büchern. Die Antwort lautet: Der Balkan hat weniger Einwohner als Gespenster). Das gilt in Bezug auf die Çorba-Zutaten. Nachdem man alle Zutaten in den Kochtopf getan hat, ist sicher, dass die Çorba ein Erfolg wird. Ganz ohne Anstrengung und ohne Hilfe von einem „Abrakadabra“ des John Broome und „Carmine Infantino“! Einfach *Hokuspokus*: Gesagt getan!

Aber lassen wir das Kochen jetzt beiseite. Vergessen wir das für eine kleine Weile - was als wahr angenommen wird - dass es nach so vielen Jahren des Nutzens nicht in Lebensformen umgewandelt wurde, sondern in ein bestimmtes Klima, in andere Gegebenheiten, in Bedingungen und Atmosphäre für uns neuen Balkanbewohner. Dank diesem Klima soll niemand den Mund halten, wenn von jemandem von uns, als ein biographisches Element gesagt wird, dass er „im Klima der Çorba" geboren und aufgewachsenen ist oder wenn jemand von „allen guten Geistern verlassen" ist und sagt:

„...Çorba ist unser Klima!" Mehr oder weniger ist es, als sage man „geboren zur Zeit der österreichisch-ungarischen Monarchie" oder „er lebte in der Internet-Zeit..."

Aber so ein autobiographisches Geschwafel ist nicht von so großer Bedeutung, gegenüber jenen Erinnerungen an mythologische Zeiten, als die Balkanbewohner alles liegen und stehen ließen und sich an die Arbeit machten: ihre Çorba zu kochen. Man sagt, es sei ein Verlangen, eine Freude, ein Appetit vermischt mit Angst und Schrecken. Jeder versuchte seine eigene nationale Çorba zu kochen und sie auf den Tisch zu bringen. Die Leckerste! Die Köstlichste! Und dieses Ritual war so angenehm, dass die Erinnerungen an jene Zeiten, in denen der Mensch ein inneres Verlangen zur Teilnahme am Kochen der Çorba hatte, von Generationen zu Generation überliefert wurden.

Nein! Nicht um sich gemütlich hinzusetzen und die fertig gekochte Çorba im Nu zu schlürfen, als sei man ein hungriger Elender, irgendwo in einer verlorenen Ecke des Balkan-Gebirges. Sondern, um sie mit Freunden und Ehrengästen zu teilen, mit besonderen Gästen, die mit Trompeten -, Fanfaren - und Trommelauftritten, die Ankunft der Freunde aus ganz Europa ankündeten, mit den Freunden, die wir einluden, um ihnen Gastfreundlichkeit zu gewähren, für immer und ewig, um die Freundschaft zu stärken, um sie abzuschmecken, um unsere Finger abzuschlecken, und um den runden Tisch herum zu tanzen, um jene, unsere „gut gelungene Suppe“: die Çorba zu kosten.

Man sollte den Menschen nicht verhexen und ihn in Verlegenheit bringen, um aus ihm die kleinsten Details herauszuholen, was die Balkan-Çorba so anziehend, wenn nicht sogar mystisch macht. Und außerdem ist es zu schade, sie für sich in der Einsamkeit zu genießen. Und das ist gut so. Sonst wäre es nicht Balkanisch!

Auf der anderen Seite sollte man sich keinen falschen Illusionen hingeben, dass das Geheimnis der Çorba in der Kochkunst liegt. Beim Kochen der Çorba geschieht fast nichts. Einfach ausgedrückt: Man stellt den Kochtopf auf kleines Feuer und wartet bis sich Blasen bilden und die ersten Kreise zu erscheinen beginnen.

Ja, genau Kreise. Sie sind wichtig. Darin liegt auch das Geheimnis des Rezepts. Denn die Kreise der Çorba sollten groß sein, breit. Sie müssen wellig sein und hintereinanderkommen. Genau wie die Kreise von Archimedes aus Syrakus. Unbedingt! Sonst kann sie nicht Çorba genannt werden. Zumindest nicht eine balkanische.

Es wird gesagt, dass Archimedes große Mühe hatte, die Hebelgesetze zu erfinden, obwohl auch behauptet wird, dass ihm die Kugel und die Kreise am Herzen lagen. Auch gibt es Stimmen, die meinen, dass die Kreise genau diejenigen waren, die ihm das Leben nahmen. War Archimedes vielleicht ein Balkanbewohner? Das mag sein, ja. Auch die Balkanbewohner mögen das Spiel mit den Kreisen. Doch Dante Alighieri war kein Balkanbewohner! Und warum hatte er die Kreise so sehr ins Herz geschlossen?

Im Gegensatz zu Archimedes und Dante fühlt sich der moderne Mensch glücklich. Dank der veränderten Zeiten eröffnen sich ihm mehr Möglichkeiten. Der moderne Mensch ist frei, um besser die Kreise unserer gekochten ÇORBA als die perfekten Kreise des Archimedes oder die leidgeprüften Kreise von Alighieri zu wählen.

Der moderne Mensch hat keinen Grund zu klagen. Die heutigen Kreise sind nicht die gleichen, die sie einst waren. Die heutigen Kreise sind zumindest lebenswert geworden! Jede Nation fühlt sich wohl innerhalb ihrer eigenen Kreise. Die goldene Regel ist nur eine und einfach: Bleibe innerhalb des Kreises! In deinem Kreis! Betrachte, lebe und sei ruhig! Dies ist das Geheimnis der Langlebigkeit der Nationen!

Nur das? Genau! Und wenn man nun mit dem Gedanken spielen würde, aus dem Kreise zu treten ... Da bricht alles zusammen! Die Magie und die Mystik enden und alles führt zu Schwierigkeiten.

Wir alle wissen es aus dem Alltag. Wir bejahen es von morgens bis abends, als Teil unserer Erfahrung. Unsere Çorba ist ein Bio-Essen, vor allem in Zeiten, in denen das Kriegsspiel „Blutreinheit“ heißt. Mit dieser Art von Nahrung, füttern wir unsere Kinder. Wir ernähren sie wie die Dichter uns im Allgemeinen lehren. Hier erinnere ich mich an Paul Celan. Der Armselige lebte zu unpassenden Zeiten. Würde Paul Celan heute leben, wäre er bestimmt beim Fernsehen tätig und würde uns beraten, wie wir uns richtig ernähren, die Milch oder die warme Çorba verzehren sollen. Jeden Morgen. Jeden Abend. Jedes Abendessen. Sie erinnern sich bestimmt an das Gedicht „Todesfuge“ und an seinen Ratschlag: *„Schwarze Milch der Frühe wir trinken sie abends / wir trinken sie mittags und morgens, wir trinken sie nachts / wir trinken und trinken...“*

Doch innerhalb der Kreise unserer Çorba kann man leben, sogar sehr gut. Die perfekte Verschmelzung von Teilchen - ein Puzzle. Jeder, ohne etwas zu überschreiten. Jeder an seinem Platz. Jeder, ohne die Kreise der anderen zu verletzen...: Albaner zusammen mit Griechen und Montenegrinern; Aromunen mit ihren Zigeunern; Kroaten zusammen mit Serben, Bosniern, Slowenen und Italienern die dort leben; Mazedonier mit Albanern, Bulgaren, Roma und Türken mit denen sie leben; Slowenen gemeinsam mit Serben, Kroaten, Roma und ihre Italiener; Griechen zusammen mit Albanern, Bulgaren mit Georgiern, Rumänen und ihre Russen; Bosnier zusammen mit Serben und Kroaten, die dort leben; Montenegriner mit den Serben, Bosnier und Albaner mit denen sie leben; Serben mit Bosniern und Roma, die dort leben; Türken mit den Kurden, Bosniern, Albanern und Georgier, die mit ihnen leben; Bulgaren mit Türken und ihren Zigeunern; Kosovaren mit Serben aus dem Kosovo;

Rumänen mit Moldauern und mit Bulgaren, die dort leben, auch.

Gott segne sie! Der alleinige Gott segne uns alle! Antike Gottheiten auch. Wir sind alle vorbildliche Bürger der *Vereinigten Regionen von Çorba*. Und wisst ihr warum? Sie sind nicht plötzlich weiße Engel geworden.

Es sind die Kreise. Die Kreise sind diejenigen, die für uns sorgen. Die Çorba-Kreise verwandeln sich in unsere Aureolen. Die Kreise sind diejenigen, die uns vor anderen und vor uns selbst beschützen. Die Kreise sind unsere Berater, unsere Führungskräfte, unsere Mäzene. Die Kreise sind unsere Muse. Aber... Wenn es eines Tages jeden in den Kopf kommt zu fragen, was es bedeutet, ein guter Mensch zu sein, oder genauer gesagt, was es heißt, ein guter Albaner in Kroatien zu sein...? Was es bedeutet, ein guter Serbe im Kosovo zu sein? Was es bedeutet, ein guter Grieche in Albanien zu sein, oder auch ein anständiger Italiener in Koper, und vor allem, was es bedeutet, ein guter Türke in Bulgarien zu sein, ein guter Kroate in Bosnien, ein guter Ungar in Serbien, ein guter Albaner in Montenegro, irgendwo dort, in der Umgebung von Ulcinj...?

Hier wird deutlich, dass man es vielleicht nicht begreift, etwas nicht verstanden hat, aber auch etwas nicht versteht. Nun beginnt man zu spüren, dass etwas brüchig ist oder zumindest nicht richtig funktioniert. Wir leben nicht nur in unserem Leben, sondern auch in den Vorstellungen voneinander.

Weiß irgendjemand, was ein guter Albaner in Dalmatien, auf den Inseln oder auch in Zagreb ist? Ein guter Albaner in Slowenien? Und in Bosnien, was ist der Albaner, vor allem der

Gute? Und in Skopje? In Podgorica? Die allgemeine Meinung, so wie die kollektive Phantasie eines guten albanischen Ausgewanderten aus diesen Gebieten ist die: *„Ein Kaiser, der im Königreich von Eis lebt...“, „Ein Pascha mitten im Kuchen mit Sahne und eingedicktem Zuckerwasser...“* oder *„Ein Meister für Ringe und Ketten aus Gold, mit denen er die Welt verschönert, aber nicht sich selbst.“*

Dies sind die Vorstellungen von dem Albaner, besonders von dem guten Albaner in dem ehemaligen jugoslawischen Raum. Aber was würde passieren, wenn eines Tages dieser unvergleichliche Mensch, dieser gute Mensch, dieser „Armselige“ den Verstand verlieren würde, indem er seine Meinung ändert und so irrsinnig wird, dass er einen Schlussstrich unter das Handwerk des Schmiedes, des Konditors und des Goldschmiedes zieht und stattdessen das Universitätsleben beginnt, um, sagen wir mal: Literaturdozent, Journalist, Richter oder Schriftsteller zu werden?

Nichts würde passieren. Gar nichts. Nichts würde sich ändern. Gar nichts. Von Natur aus könnte er auch die anderen Dinge gut meistern. Wie obengenannt, sind wir friedliche Menschen, Bürger *par excellence* und Kandidaten mit abgeschlossenen Bedingungen für den Eintritt Europas. Aber jeder spürt es sofort, auch wenn er es nicht versteht.

Irgendwo tief in uns selbst, wo, wie gesagt wird, die weltweiten tektonischen Platten sind, beginnt sich etwas zu bewegen, zu schütteln und zu trüben. Fürchtet euch nicht vergebens! Keine Panik, meine Herren! Es sind die. Die Kreise. Unsere

Kreise. Die Kreise unserer Çorba. Sie bewegen sich. Langsam. Leise. In der Stille.

Jedoch der Kaiser des Schmiedes bleibt alleine zurück. Er spürt, dass er seinen Kreis verlässt. Ihm scheint es so. Er hat einen Fuß in den falschen Kreis gesetzt. Er spürt, dass er nicht mehr an dem Ort ist, an dem Gott ihn als Einheimischen eingeordnet hat.

Aber damit ist es nicht getan, denn die Kreise treffen aufeinander und aus diesem Grund gehen wir davon aus, dass das Geschehen des Albaners in Dalmatien, tückisch auch für den Bosnier, den man auch als ein Auswanderer bezeichnet, in Albanien trifft, oder zum Beispiel dem Türken in Bulgarien auch das Gleiche passiert. Diese Menschen sind und fühlen sich als gute Bürger, ehrenhafte Bürger, solange sie weiterhin in der Erde graben, Wände mauern, Möbel schnitzen oder Eisen schmieden. Aber wenn ihnen eines Tages einfällt die Hämmer, die Maurerkellen und die Rechen niederzulegen, um Lehrer für albanische oder bulgarische Kinder zu werden, werden sie das gleiche Zittern spüren, genauso wie der „albanische Kaiser des Schmiedes des Eises in Dalmatien. Sie spüren ein Blinzeln. Beobachtungen begleiten sie überall. Und warum geschieht das alles? Es ist doch verständlich. Die Kreise, unsere alten Götter, sind beleidigt. Sie sind aus dem Gleichgewicht geraten und sind sauer auf uns. Und wahrscheinlich sagen sie die gleichen Worte, die Archimedes zu dem römischen Soldaten sprach: *„Störe meine Kreise nicht! Werde, was du willst, bloß kein Lehrer ... auch mit Büchern sollst du dich nicht beschäftigen!“*

Auch bleibt ein Albaner in Ulcinj ein prachtvoller Bursche, solange er während des Winters nachts lange schläft und den ganzen Tag über mit einer Nelke hinter dem Ohr Piratenlieder auf den Straßen singt. Aber wenn er mit dem Gedanken spielt eine Zeitung herauszugeben oder die albanische Fibel zu schreiben, so wird allen klar, dass der Albaner aus Ulcinj nicht mehr der anständige Junge ist, für den wir ihn gehalten haben. Es ist der Zerstörer der Kreise.

Fahren wir fort mit einem Serben in Mitrovica. Auch er kann ein anständiger Mensch sein, solange er Slibowitz trinkt und mit uns Fußballspiele auf dem Bildschirm schaut. Aber er sollte in seinen Taschen ein Taschenwörterbuch tragen mit verbotenen Wörtern oder seinen Gebrauch beschränken ... in dem die Worte *Unabhängigkeit, Krieg, Ivo Andrić, they don't care about us,* nur von begrenztem Nutzen sind. Dies ist die Regel. Klar wie das Licht. Perfekt wie die Çorba-Kreise.

Das gleiche geschieht auch den Zigeunern, die die kleinen Läden an den Straßenecken verlassen und eine politische Partei gründen. Auch mit den Kurden ist es das Gleiche, falls sie einen kleinen Souvenirladen in der Türkei eröffnen möchten.

Auch für die albanischen Mädchen in Italien, die als einfache Schneiderinnen beginnen und dann ihre eigenen Modeateliers eröffnen wollen. Was ist mit den Rumänen in Griechenland? Nach zehn Jahren einfacher Arbeit, arbeiten sie jetzt für ein anderes Leben, ein Leben als Chef?

Stopp! Bis hierher. Das ist kein Witz mehr. Nach alldem ist es wahrscheinlich, dass die wählerischen, männlichen Kreise der Çorba für so einen Menschen sich in jene engen und erstickenden Çorba-Kreise umwandeln...!

Ebenso und noch schlimmer kann es einem Kosovaren widerfahren, falls er eine Buchhandlung in Belgrad eröffnen will. Er ähnelt dem Mann, der eine Tasse Kaffee an einem Ort, wo jeder nur Tee trinkt, verlangt...

Dies sind nur einige wenige Fälle imaginärer Abgrenzung, wie die „Jireček-Linie", wo das Verheddern unserer Kreise mit denen der anderen, auch zu einer anderen Trennung führt: „die professionellen Ethnien".

Demnach kann es unzählige Fälle geben, sogar heiklere als in meinen Beispielen, um uns zu zeigen, was passiert, wenn wir vergessen die Kreise zu überqueren und uns wie kleine Kinder benehmen. Aber die Kreise erschüttern nicht nur nach außen und nicht nur für „Ausländer". Die Kreise geraten auch von innen ins Wanken.

Lassen Sie mich ein letztes Beispiel anführen. Vor einigen Jahren begannen wir Albaner, eine heimische Bevölkerungsgruppe „Tschetschenen" zu nennen, die aber keinen Zusammenhang mit Tschetschenien hatten. Sie waren ganz einfache albanische Bewohner. Sie hatten ihr Zuhause verlassen, „verraten" und eines Tages entdeckten sie ein weiteres künstliches Paradies begrenzt auf den Tirana-Durrës Landkreis und dessen umliegende Orte. Ich will nicht immer daran denken, aber immer in solchen Fällen erinnere ich mich an den griechischen Lyriker Konstantin Kaváfis. Vor allem an seine im Jahre 1904 geschriebenen Gedichte und den „Barbaren" gewidmet. Unsere Barbaren waren nicht wie seine Barbaren. Unsere Barbaren halten ihr Wort. Sie waren weder wie die Tataren in dem Buch „Die Tatarenwüste“ von Dino Buzzati, noch wie die von Godot oder Samuel Beckett. Unsere Barbaren kamen. Sie hielten ihr Wort. Sie umringten uns. Sie „eroberten“ uns. Unsere Barbaren waren immer anwesend, auch wenn der Schauplatz sich füllte und leerte, sie hörten wie wir sie *„Tschetschenen“* nannten und die ganze Wut der Kreise stöhnte. Hass! Hass! Das ist mehr als ein Wort, das ist ein Gefühl.

In dem klaren nordalbanischen Dialekt klingt es alt, als käme es aus der homerischen Zeit: Meníííííín aidéééééé teeeeee Peliadééééo Akileúúúúús (Hass kommt von Peliadeo Achilleos).

Und diesem „Hass-Kreis“ kann niemand entgehen. Nicht einmal ein Schriftsteller. Letztlich bedeutet es als Schriftsteller in dieser Gegend überhaupt nicht geschützt zu sein: also „geimpft“ vom „Balkan-Çorba-Virus.“ Vielleicht wird es uns warnen, denn einmal werden wir das Los ziehen, beim Kochen von Çorba beteiligt zu sein und ein anderes Mal werden wir die Chance nicht verpassen die Çorba zu verzehren, die die anderen extra für uns aufgetischt haben, und dem kann man sich nicht entziehen.

DIE ELIMINIERUNG DES *ANDEREN* VON DER METEOROLOGISCHEN KARTE

YOU DON'T NEED A WEATHER MAN - TO KNOW WHICH WAY THE WIND BLOWS

Ich sage es erneut. Als Anlass dieses Textes könnte ich auch diesen Vers Bob Dylans anführen, welcher auf irgendeine Weise mit den Anfängen der Massenmanipulation der öffentlichen Meinung in Verbindung gebracht wird. Und weißt du warum? Das Lied inspirierte mich dazu, einen Katalog mit Landkarten aus dem Ersten Weltkrieg durchzublättern, unter denen sich auch eine mit einer Allegorie auf *Osteuropa 1917* befand. Was auf der Karte besonders ins Auge stach, war eine Dampfwalze, der von dem riesigen weißen russischen Bären gefahren wurde. Er hatte sich vor dem europäischen Kontinent aufgestellt und war überaus vertieft in seine Beschäftigung. Einstweilen kratzte der französische Hahn die Augen des Deutschen – in der Symbolik eines schwärzlichen Bären – aus, der spanische Torero kämpfte gegen den hinter dem Portugiesen versteckten Stier und der Engländer in seiner Marineuniform schlug mit der Faust auf den Kopf des dunklen Bären ein. Irgendwo seitlich erschien in der Reihe der Däne, der das Ganze durch sein Monokel genauestens beobachtete, der Holländer, der hämisch grinste, während er seine Pfeife qualmte und der Belgier mit einem Halstuch, als sei er gerade vom Esstisch oder aus dem Barbierstuhl aufgestanden. Alle drei hatten Militäruniformen an und schienen in Alarmbereitschaft – im Gegensatz zum Schweizer, welcher mit seinem Gewehr in der Hand dasaß, als wolle er später auf die Jagd gehen.

Das war Europa: ein zoologischer Garten, in dem Krieg und Panik herrschte. Nur einer war das Opfer: der räudige angebundene österreichisch-ungarische Hund. Der Serbe sticht ihm das Bajonett in die Rippen, der Italiener schlägt ihm mit einem Gewehrkolben die Nase breit und der Rumäne schneidet frohlockend mit einer Schere seinen Schwanz ab.

Aber könnte die *Carta Geografica Figurata dell' Europa* vollständig sein, wenn die Balkananrainer fehlen? Hier sind sie! Der Montenegriner als Ameise. Der Bulgare mit einer Nase so lang wie der Stiefelabsatz Italiens. Der Grieche mit ausgeweiteter Fustanella und roten Opanken hat sich abgewandt. Der Türke mit rotem Fes, eine bemitleidenswerte Gestalt. Etwas rätselhaft erscheint unter ihnen der Albaner mit einer aus dem Mittelalter oder dem Beginn der Renaissance stammenden Filzkappe, dem nicht anzusehen ist, ob er tapsig irgendwohin läuft, mit dem Anschein andere Länder zu befreien – oder standfest auf seinem Land verharrt, worauf ALBANIEN geschrieben steht. Das ist die Geschichte, die uns die Karte offensichtlich erzählt, aber unsere Augen haben noch viel Schlimmeres gesehen.

Was? Verlangst du etwa von mir nach all den Jahren eine Antwort, ob wir noch etwas anderes anzubieten hätten, außer Hass und Feindschaft? Ich hätte mich an die Frage meiner Dichterfreundin nicht erinnert, wenn sie nicht weitergebohrt hätte, nachdem wir uns fast schon verbschiedet hatten.

> „Ich fühle mich nicht als Serbin“, sagte sie mir. „Ich fühle mich gänzlich als Jugoslawin. Verstehst du? Auch wenn Jugoslawien auf keiner Karte mehr in Erscheinung

tritt, bleibe ich Jugoslawin", führte sie fort und, mir dabei in die Augen schauend, ergänzte sie: „Weißt du welches Wort auf Jugoslawisch am schönsten ist? Nein? Hör zu, wie es klingt! *Du-šš-oo*!", buchstabierte sie in mein Ohr. „Das ist das bedeutungsvollste Wort unserer Sprache, auch wenn Jugoslawisch nicht mehr an den Schulen gelehrt wird. Es hält uns zusammen, auch wenn wir nicht mehr zusammen sind. Es findet in allen Nationen Gebrauch, die sich nach dem Zerfall der Föderation bildeten. Begreifst du nicht die Wichtigkeit dieses Wortes, *prijatelju moj* (mein Freund)? Noch nicht?! Ach! *Have a nice flight, Dušo!"*, beendete sie den Monolog und, während sie sich winkend von mir entfernte, ergänzte sie: „Vielleicht habt ihr im Albanischen auch das Wort *Dušo*? Nein?! Ach, wie schade! Aber, wie macht ihr das? Kann man ohne *Dušo* leben, *my albanian friend*?! "

Das waren die letzten Worte, die ich von der Dichterin hörte, mit der ich im selben Festival eingeladen war. Die Gesichtszüge meiner Freundin spiegelten den Schmerz einer kleinen missgestimmten Karte wider, die nicht mit ihren territorialen Vorstellungen übereinstimmt. Francis Scott Fitzgerald hatte nicht Recht: Nicht nur die Züge amerikanischer Frauen im Alter von über dreißig ähneln missgestimmten Landkarten.

EINDRINGLINGE UND EMIGRANTEN VERBORGEN IN DER SPRACHE

Im Hotelzimmer angekommen, begann ich in Google zu recherchieren, welche mystische oder verborgene Bedeutung das Wort *Dušo* haben könnte, das nach Meinung meiner Freundin, die durch den Krieg des ehemaligen Jugoslawiens geteilten Völker immer noch zusammenhielt.

Für uns Albaner war Jugoslawien nicht nur einfach eine Erinnerung. Es war seit 1948 von unserer Freundschaftskarte verschwunden, als es versuchte, Albanien zu verschlingen mittels einheitlicher Währung, Zollunion, Reisefreiheit innerhalb des gemeinsamen Territoriums und der Vereinigung der Armeen. Wie borniert muss ich gewesen sein! Zutiefst indoktriniert! Warum habe ich nicht rechtzeitig verstanden, dass das jugoslawische Projekt dem Projekt für ein vereintes Europa vorausgegangen war. Hier sind sie nun die edlen Europäer, die den Balkan von der Vereinigung fernhalten, weil dieser die Urheberrechte nicht respektiert! Haben sie etwa den Jugoslawen das Modell der gemeinsamen Währung, der Grundrechte und der Reisefreiheit gestohlen?

Mit Jugoslawien verschwanden auch diejenigen, die sich an die Tage des symbolischen roten fünfzackigen Sterns und der gemeinsamen Parole *Smrt fašizmu – Sloboda narodu* (Tod dem Faschismus – Freiheit für das Volk) erinnerten. Auch die Erinnerungen an den Juli 1946 begannen zu verblassen, als Enver Hoxha von seinem ersten Besuch in Belgrad zurückkehrte und Koçi Xoxe anwies, eine gigantische Propaganda-Kundgebung auf dem Hauptplatz in Tirana zu organisieren. Im Volke sollte der Anschein erweckt werden, sich an diesem historischen Treffen zu erfreuen. Es sollte die jugoslawischen und albanischen Flaggen schwenken, sowie die Banner mit den Parolen „Es lebe das Abkommen zwischen dem albanischen Volk und den Völkern Jugoslawiens" und „Für die brüderliche Zusammenarbeit zwischen der albanischen Armee und der heldenhaften jugoslawischen Armee" empor heben. Große Lautsprecheranlagen und Megafone wurden allerorts die Aufrufe „Enver-Tito!" (nicht etwa „Tito-Enver!") verbreiten.

Zwei Jahre später, nach der Trennung von Tito, wurde alles Jugoslawische in Albanien heimlich eingeführt. Den Kern des Zynismus erklärt eine Karikatur mit dem Titel „Titos Lieblingsgetränk", 1961 in Shkodër vom deutschen Journalisten Harry Hamm fotografiert. Noch heute kann man den Slogan deutlich lesen. Wir sehen darauf Titos revisionistische Clique, sich an den flüssigen Dollars des amerikanischen Imperialismus labend.

Das alles gehört nun der Vergangenheit an. Ich saß allein vor der Tastatur und hatte gerade drei Viertel des Wortes eingetippt: *Duš...* Da bot mir Google die erste Möglichkeit: *Do you mean Dušan? Stefan Dušan the Mighty?* Ich suchte nicht nach Stefan Dušan, den Mächtigen, unter dessen Herrschaft Serbien die Vollendung der territorialen, politischen und kulturellen Expansion erreichte, welcher „sich mit der Absicht trägt, den vormaligen byzantinischen Besitz Albaniens zu erobern", wie der albanischen Presse zu entnehmen war. Die Quellen erwähnten, dass er im albanischen Devoll in den ewigen Frieden einging, ein Nachkomme von Stefan Dečanski, dessen Name immer dann auftaucht, wenn das *Deçani*-Kloster im Kosovo erwähnt wird. Ich suchte nur nach der Bedeutung eines einzigen Wortes: *Dušo*. Nichts weiter als das!

Ich tippte nochmal *Duš...*, als Google die zweite Version vorschlug: *Do you mean Dušman?* Ich las die Erklärung auf dem Monitor: *Düşmen* - Entlehnung aus dem osmanischen Türkisch - Dushmán! Die Erinnerung wurde wie im Takt einer Kriegstrommel geschlagen. Wie kann sich Google an so viele *Dushmans* erinnern? Luk Dushmani – Herr von Pult, an der Nordküste vom Drin, Lekë Dushman – Prinz von Zadrima, Gjergj Dushmani – der im Krieg auf der Seite Venedigs stand, Pal Dushmani – Bischof von Pult, den man im Klerus Paolo Dusso/Dusmanus nannte und von Serben Pavle Dušman – derjenige, der die albanischen Fürsten Gjergj Kastrioti Skanderbeg und Lekë Dukagjini versöhnte.

Aber das Wort *dušman* war nicht nur auf eine einzige Sprache und Kultur des Balkans begrenzt. Das Wort hatte dem Eifer der Kommunisten Widerstand geleistet, die nach dem Sturz der bolschewistischen und maoistischen Reiche naiv daran glaubten, einzig Albanien könne das Privileg genießen, eine autarke Festung des Kommunismus zu bleiben. Es überdauerte auch den Eifer der Puritaner, die die Eliminierung jeglicher Spuren von Fremdwörtern in der „göttlichen" und reinen albanischen Sprache betrieben. Doch weder die Kommunisten noch die Puritaner gewannen. Sieger waren die Balkanbewohner und ihre Sprachen. In ihrem Corpus leben heute noch unzählige Fremdwörter, die als Nomaden schon seit frühesten Zeiten der

Kommunikation zwischen den Kulturen im jeweiligen Sprachgebiet wanderten. Als Wahrnehmungen, Gefühle und Bedürfnisse sich noch glichen, ein Zustand, den Julia Kristeva mit einem einzigen Wort bezeichnet: *chora*.

Die emigrierten Wörter waren in den Corpus der Sprachen eingedrungen, der Eindringlinge aus dem Ostslawischen, Serbischen, Bulgarischen, Griechischen, Lateinischen, Illyrischen, Arberischen und Albanischen beherbergte, wie er einst auch Worten aus dem Persischen, Arabischen, Türkischen, Venezianischen und Italienischen Unterschlupf gewährt hatte. Doch das Wort *dušman* hatte sich beharrlich gehalten. Es behielt die gleiche Bedeutung für Albaner, Serben, Montenegriner, Mazedonier, Kroaten, Bosnier und für alle Menschen, die wie Nomaden innerhalb dieses Territoriums umherwandern. Obwohl mehr als ein Jahrhundert seit der Unabhängigkeit des Balkans vom Osmanischen Reich vergangen war, hielt das Wort *dushman* die Balkanbewohner weiter zusammen, wie der Faden die Perlen ihrer Gebetskette.

Meine serbische Freundin hatte mich gefragt, ob wir im Albanischen auch irgendeinen latenten *Dušo* hätten. Was für eine Sünde? In meinem Ohr hallte das Echo eines Liedes wider. Ich suchte lange in *YouTube* nach ihm, bis ich endlich die Stimme eines Sängers aus Shkodër hörte, welcher sang: *„Welch' ein Glück Dusho dich als Nachbarn zu haben / Bin ich von Schwermut erfüllt, so komme ich und verweile bei dir.“* Gleich zweier Enden eines Seiles über dem Abgrund der Nachbarschaft: *Dušo* – Schatz; *Dušman* – Feind.

Sollten eines Tages die EU-Beitrittskandidaten vom Balkan allmählich begreifen, dass die verborgene Seite des Mottos „In Vielfalt geeint“ für sie nicht nur in europäischen Werten vereint ist? Sondern auch in ihrer ewig andauernden Feindschaft – wie man uns Balkanbewohner einschätzt, obwohl es in Wahrheit so nicht ist – bedeutete? Aber *mappa mundi-palena* der Welt, die uns nie im Stich ließ, als es darum ging die Feindschaft zu konservieren, wird uns weiterhin zur Seite stehen!

DIE ERFINDER DES HEDONISMUS UMHÜLLT VON DER PLAZENTA DER FEINDSCHAFT

Das Reisen durch den Balkan erfordern Anpassung an das Klima und eine sehr gute Vorbereitung auf jegliches Ereignis. Gewiss, es ist Sommer, jedoch nicht von Nachteil, einen Pullover oder eine Jacke in die Reisetasche einzupacken. Denn, was anderswo einfach ein Blitz am Himmel ist, kann auf dem Balkan ein Knall sein, der weder Unwetter noch einen Marathonstart signalisiert, sondern das Aufflammen eines Weltkrieges.

Ich werde vom ersten Blitz getroffen: Was passiert, wenn aufgrund starker Regenfälle die Flüge nach Tirana annulliert werden? Um dieser Ungewissheit zu begegnen, nahm ich die Fernbedienung und suchte nach einem Fernsehsender, der die Wettervorhersage ausstrahlte. Ich bedurfte der Sprachkenntnisse nicht. Die Pfeile auf den atmosphärischen Fronten genügten. Die Pfeile auf der Karte erscheinen bedrohlich nahe; man könnte meinen, es ginge nicht um das Klima, sondern um eine Kriegsfront, die über das Territorium der Nachbarländer expandiert.

Nr. 1 auf der Fernbedienung: BHT 1-Sarajevo. Nr. 2: Vojvodina-ВЕСТИ Novi Sad. Anschließend Ljubljana. Skopje. Podgorica. Pornosendungen mit dem Zeichen +18. Sendungen über Bio-Produkte, kaum erschwinglich für die armen Bewohner dieser europäischen Region. Politische Debatten. Küchenutensilien und Schmuck im Online-Shop. Eurolotto auf dem Bildschirm. Kochsendungen über Gerichte ohne Knoblauch und Zwiebeln, damit die Menschen zum Genuss des Küssens kommen können, ohne Furcht vor üblem Geruch und exotischem Rülpsen balkanischer Sättigung. Es gab Vieles zu sehen, doch nicht das, was ich wollte.

Entgegen meiner Erwartungen erschien auf dem Bildschirm ein gesungener Volkstanz, dessen Motiv ich auf dem Weg von Shkodër nach Montenegro gehört hatte. *„Ajde Jano, ajde dušo, kolo da igramo“* (Komm Jano, komm dušo, lasst uns den endlosen Tanz tanzen). Es war ein ruhiger 7/8 Takt, der ohne ethnische Zugehörigkeit blieb, seitdem die Balkanbewohner den Krieg mit martialen Klängen begonnen hatten. Ein unbekannter *Jano* wurde eingeladen, an einem Freudenfest teilzunehmen, in Begeisterung zu geraten und mit seiner Geliebten zu tanzen, Pferd und Haus zu verkaufen, nur um den Volkstanz nicht unterbrechen zu müssen. Ist denn jemand vor Liebe blind geworden? Weder die Serben mit ihrer Monodie noch die Albaner mit der Polyphonie aus dem Süden, welche versprachen: *„Ich* *hole die Säge / ich zersäge die Zypresse / Dich werde ich anschauen / Wenn du Rosen sammelst, he du / O, für die Liebe"*, wurden verrückt nach ihr. Die Zeiten, als die Männer nicht zur Waffe griffen, sondern zur Säge, um die Zypresse umzusägen, welche den Liebhaber daran hinderte, die schöne Nachbarin im gegenüberliegenden Haus zu beobachten, diese gab es nur in der Poesie. Aus diesem Grund verkaufen serbische Liebhaber weder Pferd noch Haus. Ebenso nahm der albanische Liebhaber auch nie die Säge zur Hand. Von Erfindern des Hedonismus und der Komödie entwickelten sich die Balkanvölker zur Plazenta, die Feindschaft nährt. Doch daran können sich nur wenige erinnern. Wann hatte eigentlich jene Feindschaft unter den Nachbarn auf dem Balkan begonnen?

Zeitungen, Medien und Politiker sprechen mit einer Leichtigkeit über Jahrhunderte erfüllt von Krieg und Hass. Hass, der schon von Geburt an vorhanden war und die Menschen durch tiefe Gräben voneinander trennte, wie der albanische Dichter Gjergj Fishta betonte. Es entsteht der Eindruck, als könne man es kaum erwarten, Marko Kraljević als Chauvinisten zu deuten (der kulturelle Held, der auf Sultans Befehl mit Hilfe seiner Feen und einem versteckten Messer den albanischen Ritter mit drei Herzen oder drei Schlangen in der Brust tötete), wie wir es im Epos von Vuk Karadžić finden, in dem auch der Vers steht: *„Barmherziger Herr! Ich habe ja einen Besseren als mich selbst getötet."*

Und sooft man Reden oder Nachrichten zu interethnischen Ehen auf dem Balkan hört, scheint es, als erinnere man sich an Marko Kraljevićs Frau, die sich bei ihrem Mann beschwert, weil dieser ihr keinen jungen Albaner mitbrachte, um ihn als Kindermädchen anzustellen, wie dem Lied *Gjergj Elez Alia* zu entnehmen ist.

EIN KLIMATISCH ABHÄNGIGER UND NICHT AUF DER KARTE VERTRETENER STAAT

Der Tag war schon angebrochen, als der Fernsehkanal, der *Ajde Jano* sendete, mit den Nachrichten begann und unmittelbar danach die beliebte Sendung mit dem Kürzel: *RTRS TV-Televizija Republike Srpske* ausstrahlte.

Ein Mann über fünfzig, welcher mit seinem Körper den Bildschirm füllte, begann die synoptischen Wettertabellen für den Balkan zu erläutern. Bedurfte ich wahrlich seiner Erklärung? Ich dachte in dem Moment nicht an Bob Dylans Vers, aber sollte ich ihm glauben, dass der Wind in jene Richtung weht, die er ansagte? Er hatte die eindrucksvolle Erscheinung mit der unzufriedenen Miene jener Menschen, die im fortgeschrittenen Alter gezwungen sind, den Beruf zu wechseln.

Trotz deutlicher Müdigkeit versuchte er mächtig zu wirken, ja den Eindruck der Überzeugung zu erwecken, dass er nicht nur das Territorium unter Kontrolle hatte, sondern auch die strategischen Zonen des atmosphärischen Drucks, derweil Winde wehten, Blitze erschienen und verschwanden, Schnee, und Hagel fielen und Nebel sich mit dichten schwadenweisen Wolken vermischte.

Etwas Unfassbares schien sich in jenem Moment vor meinen Augen abzuspielen. Die Luftströmungen, welche die Fläche des Balkans bedeckt hatten, eliminierten die Grenzen zwischen den Ländern. Wolken und Regenschauer schienen eine neue meteorologische Föderation des ehemaligen Jugoslawiens zu gründen. Die im Krieg getrennten Staaten aus den Föderationskarten, welche Opfer und unzählige Gräber hinterlassen hatten, schienen, als gehorchen sie der Rute des Menschen, der die Luftströmungen verfolgte, gleichermaßen wie ein Stratege die Bewegungen der Armee auf topographischen Karten verfolgt. „Die Front der Luftmassen greift aus dem Westen an." Was war das für ein Wortschatz? Aus welcher Zeit stammt er? Der Meteorologe schien, als befehle er den Angriff der Wolkenarmee, den Ausbruch des Sturms oder den Gegenangriff der Abteilung gewaltiger Regenschauer auf die unruhigste Region Europas.

Aber das war nichts im Vergleich zur folgenden Überraschung. Nach den Prognosen von Bewölkung und Niederschlägen las der Meteorologe die Temperaturen vor: Belgrad 7 Grad Celsius. Podgorica 10. Skopje 8. Athen 13. Sofia 12. Bukarest 11. Ankara 20 Grad. Budapest 9. Anschließend grüßte er mit dem Kopf und schloss mit den Worten: *„Hvala ... i laku noć"* (Danke, Gute Nacht). Das war alles!

Pristina war blitzartig von der Wetterkarte des serbischen Fernsehens verschwunden. Aufgrund der fehlenden formellen Anerkennung der Unabhängigkeit Kosovos von Serbien, vermutete ich. Da die Sendung von einem staatlich finanzierten Sender Serbiens ausgestrahlt wurde, sollte der Kosovo weiterhin nicht nur in politischen Programmen, sondern auch in der Wettervorhersage dieses Landes bleiben. Der Kosovo durfte kein meteorologisch unabhängiger Staat sein. Klima und Wetter waren ein Staatsmonopol und somit Teil des politischen Klimas. Als autonome Provinz sollte es in Serbiens Niederschlagskarte weiter existieren.

Denn aus welchem Grund sollen diejenigen im meteorologischen Himmel getrennt werden, die gemeinsam im „Heiligen Land“ Serbiens waren, sind und sein werden, wie Militante in den Wahlveranstaltungen und Fans in den Stadien von Belgrad und anderswo erklärten?! Das war Völkermord! Das war die meteorologische Rache des 21. Jahrhunderts!

Während ich beobachte wie ein unabhängiger Staat ohne große Anstrengung von der meteorologischen Karte verschwand, begab ich mich auf die Suche nach derselben Rubrik in anderen Sendern. Ljubljana. Zagreb. Belgrad. Sarajevo. Skopje. Diese Städte waren nicht verschwunden. Sie hatten noch ihren Platz auf der Niederschlagskarte. Aber just als der Zeigestab des Meteorologen über Tirana hätte anhalten müssen, geschah das Unglaublichste. Der Zeigestab ging über Tirana hinweg, wich aus und hielt über Athen an. Was wäre das Schicksal der albanischen Hauptstadt und ihrer eine Million Einwohner, die jetzt nicht auf der Karte vertreten und von klimatischen Ereignissen außer Acht gelassen wurden? Sollten sich etwa die Albaner in die finsteren Jackenärmel des Meteorologen begeben, wie einst die Juden in nationalsozialistische Konzentrationslager, um zunächst von der Wetterkarte zu verschwinden und später von den anthropologischen und geographischen Karten der Rassen und Völker? Dann könnte man sich endlich an einer Karte ohne Albaner ergötzen, sauber und klimatisch bestens gereinigt. Fürwahr, heute kann man niemanden von der politischen Karte ausschließen, das Verschwindenlassen von der Wettervorhersagekarte hingegen bedarf es keiner großen Mühe. Auf dem Balkan kann jeder verdrießliche Sprecher, jede fragile magersüchtige Sprecherin einen von der Karte der synoptischen Entwicklungen alsogleich beseitigen.

Vertraut mit Auswanderungen, Morden und unzähligen Gräbern, werden die Zuschauer keine Notiz nehmen von solch einem winzigen Umstand, wie das Eliminieren der Völker von den Niederschlagskarten. Sie werden nicht einmal ernsthaft glauben, dass es sich um Bedrohung, Aggression, Nötigung oder Erpressung handelt. Na ja, was ist denn schon passiert? Nichts Erwähnenswertes! Eine Hauptstadt ist von der Klimakarte gelöscht worden! Zu lächerlich, um es zu glauben. Die Balkanbewohner sind nicht mehr diejenigen, die der Gefahr ins Auge sahen, die sangen wie sie „Rohe Leber essen“ und Grenzen zu ihrem Vorteil verschoben.

Das Vertreiben aus Klimakarten, die dereinst echte Vertreibungen ersetzen, war kein gutes Zeichen für den *homo heroicus* des Balkanbewohners. Wurde er gezähmt? Reifte er etwa zum Europäer? War er dabei, Drohungen und Rache in elegantere Formen umzusetzen? Wo sind die Entführungen, Massaker, Blutbäder, Vertreibungen geblieben? Welche Helden werden wir besingen? Für wen werden wir die Statue aus dem Metall von Küchenzubehör aufstellen? Wie werden wir vor den

Enkelkindern auftreten, wenn das einzige wozu wir fähig sind, das Eliminieren von einer Klimakarte ist?

Sprich‘ nicht weiter! Die heutigen Balkanbewohner fügen den Werten ihrer Ahnen Schaden zu. Sind sie so sehr verweichlicht worden, dass sie sich beschweren und Tränen vergießen, weil jemand sie von der Wetterkarte für heute, morgen und künftig zu tilgen droht?

Doch auf dem Balkan beginnt alles im Kleinen, wie ein einzelner Blitz, wie das Attentat in Sarajevo, im geteilten Mitrovica oder auf der Brücke am Fluss Vardar. Wer hätte damit gerechnet, dass der Mord an dem deutschen Diplomaten von einem polnischen Juden, wohnhaft in Paris, irgendwann im November 1938, oder in einer einsamen *Kristallnacht*, einen „stillen Holocaust“ in Bewegung setzen würden, der es fertigbrachte, keine Leichen zu hinterlassen, sondern nur Staub und Rauch!?

METEOROLOGISCHER CHAUVINISMUS: *KILL THAT EAGLE! – TÖTE DEN ADLER!*

Nichts anderes blieb mir übrig, als die Zeit am Computer mit phantasmagorischen Karten vernichteter Staaten zu verbringen, worauf *„Kill that Eagle!“*, „Töte den Adler!“ stand. Es waren die erschauernden Allegorien von Paul Hadol, Frederick William Rose und anderen Karikaturisten, die europäische Mächte und die Nachbarn vom Balkan in Gestalt von Bären, Luchsen,

Affen, zweiköpfigen Zerberussen, Kuckucken, Fledermäusen, Raben, Eulen und Oktopussen darstellten. *European-Zone. European-Zoo.* Dies war zu jener Zeit die Vorstellung von dem *Anderen* aus Europa und unseren Nachbarn: ein Tier, unwillig herausgezogen aus dem Katalog der imaginären Kreaturen. In unseren Volksmärchen wie auch in der Kunst des „sozialistischen Realismus" wurde der *Andere* gleichermaßen imaginiert: schwarzer Wolf, hinterlistiger Fuchs, gehörnter Teufel und siebenzüngige Schlange. In welcher dieser Gestalten aber kam der Albaner in den Nachbarländern vor? Welches symbolische Tier hatten sie für uns in ihren Märchen, Gedichten und Karikaturen reserviert? Krähe? Elster? Luchs oder Wolf ohne Schwanz?

Vor dem Hintergrund der gewonnenen Erkenntnisse über das Verschwinden des *Anderen* von der Wetterkarte, aufgrund des meteorologischen Chauvinismus, beabsichtigte ich, mich nach meiner Rückkehr nach Tirana auf die Suche zu begeben, wie wir unsere Nachbarn in den Wettervorhersagen der nationalen Bildschirme Albaniens behandeln. Gab es auch bei uns Fälle meteorologischer Rache, wo *unser Nachbar* in den Karten verschwiegen wurde, man einen Hinterhalt meteorologischer Codes legte und mit der Vernichtung begann, als hätten wir es nicht mit dem Wetter zu tun, sondern mit durchdachten Strategien der ethnischen Säuberung?

Bedauerlicherweise trat dasselbe Phänomen auch auf vielen nationalen Bildschirmen Albaniens auf. Auf der Karte fehlt immer jemand. Es muss keine politische Karte mit definierten Grenzen sein, anerkannt von internationalen Abkommen. Um ethnische Säuberungen zu vollbringen, reicht den Balkanbewohnern eine einfache Wetterkarte. Auf der Karte des albanischen Fernsehens fehlte mal Athen, mal Belgrad, mal Skopje. Und das nicht selten. Die Säuberung im Gedächtnis der Zuschauer, ihre Augen auf den Schirm heftend, wird stündlich vollzogen. Wann immer der Wetterbericht ausgestrahlt wird, fehlen diese Hauptstädte.

Die Zuschauer der Balkanländer – eigentlich so wie Schüler, welche die Hassgeschichten auf Wahlveranstaltungen und die nationalistische Geographie aus der Sportschau und der Wettervorhersage lernen – sind bereits im Besitz der geheimen Waffe, um den Nachbarn quasi zu vernichten. Diese Vorgänge sind nur temporär, ähnlich allen Operationen mit lokaler Anästhesie.

Die Balkan-Nachbarn! Hier haben wir sie! Gratis! Schenkt den modernen Methoden zur Vernichtung des Nachbarn ein paar Minuten Aufmerksamkeit! Ein paar Minuten täglich, tropfenweise, gestillt wie mit „Schwarze[r] Milch der Frühe“ von Paul Celan, in Erinnerung an „dein goldenes Haar Margarete“, ergraut wie „dein aschenes Haar Sulamith“. Die digital angewandte Therapie zur Vernichtung des *Anderen*, sie wird ganztägig und ohne Unterbrechung empfohlen. Sie erfolgt über die Augen. Fokussiere dich gut auf den Bildschirm. Es gibt keine Nebenwirkungen. Sie bedarf keines Rezepts, nicht der Empfehlung des Hausarztes. Hab‘ keine Angst vor einer Überdosis. Wir haben den Hass in kleinen harmlosen Dosierungen aufgeteilt.

Einstweilen erscheinen auf dem Bildschirm bereits hochrangige Vertreter der Balkanstaaten, die mit gefrorenem Lächeln und vorgetäuschten Bemühungen bezüglich des europäischen Angebots, sich die Hände reichen, Phrasen zur Normalisierung der Nachbarschaftsbeziehungen und zur Überwindung der jahrhundertelangen Feindschaft wiederholend. Wie wir uns fühlen? „In Vielfalt geeint". In *varietate concordia* auf dem Balkan. Was soll ich dazu sagen? Das europäische Motto erfährt auf dem Balkan bis ins Kleinste seine Erfüllung. In den Massengräbern, insbesondere dort, wo getötete Balkanbewohner nebeneinander in *varietate concordia* ruhen, ohne Anspruch auf das Vergnügen individueller kulinarischer Erfahrungen, auf kulturspezifische Manieren, auf ethnische, geschlechtliche und religiöse Trennung.

In *varietate concordia* ist der Balkanbewohner auch, wenn es darum geht, wer bezahlen darf: nicht den Kaffee, sondern den ganzen Tisch. Er fühlt sich immer noch in *varietate concordia*, auch wenn er den Fremden auf ein Glas einlädt, um dazu die kummervollen und verrückten Balkanlieder mitzusingen. Und wessen Schuld ist es denn, wenn der Balkanbewohner kein typischer Europäer werden kann?

Ich rufe mir die verborgenen, aber beharrlichen Formen der Propaganda ins Gedächtnis, jene Art von Verträgen basierend auf Völkermorden, ebenso wie Populismus, Militanz, Autoritarismus und Autokratie. Sie werden in der Balkan-Region wiederbelebt und vervielfachen sich von Bildschirm zu Bildschirm. Bei dieser Gelegenheit erinnere ich mich an ein Foto aus dem kommunistischen Isolationszeitraum, worauf zwei völlig Fremde, aber unseren Eltern ähnlich, sich vor der brennenden Sonne der albanischen Adria-Strände schützen, zusammengekauert im Schatten eines Blechschildes statt unter einem Sonnenschirm. Auf dem Blech, ähnlich einer Reklametafel oder einem Bildschirm aus verzinktem Eisenblech, war mit Großbuchstaben, ohne Punkt und Komma, mit unseren rot-schwarzen Nationalfarben ein Slogan geschrieben. Noch heute kann diese Botschaft gelesen werden:

„DIE ABSICHT DES BOURGEOIS-
REVISIONISTISCHEN FERNSEHENS
IST DIE MASSENDEGENERATION!“

Diese beiden armseligen Menschen und auch alle anderen, die Schutz unter dem Slogan-Blech suchten, glaubten, dieses schütze sie vor der Strahlung des Fernsehens des feindlichen Nachbarn.

Lupus in Fabula. Bildschirme mit Karten, worauf Nachbarstädte fehlen, hängen an den Wänden unserer Häuser, Büros und Cafés, wie einst Karten in Klassen hingen, in denen das Fach Geographie unterrichtet wurde.

Das Bildschirmimperium achtet darauf, dass kein Vakuum entsteht. Jedem die eigene Karte. Jeder kann seine eigene Karte auf dem Handy behalten, aber er kann sie auch mit einer Berührung des multifunktionalen Zeigefingers teilen (der gleiche Finger, wie der bei den Attentaten des 20. Jahrhunderts). Das Reich der Bildschirme wird die Kunst der Kartographie so weit perfektionieren, dass die Wiederkäuer den fundamentalen Unterschied zwischen Identifikation und Repräsentation nicht mehr verstehen werden. Schon Jorge Luis Borges hat uns davor gewarnt. Folglich soll in unserem Gedächtnis nur eine Kartenform existieren: die Karte ohne Nachbarn, die Karte mit Pfeilen und Farben, ähnlich den Karten der kriegerischen Kampfhandlungen.

In Eile, beschäftigt mit leidenschaftlichem Verlangen nach Ankündigungen und Nachrichten, werden es wenige bemerken und noch weniger werden das Fehlen der Albaner, Serben, Montenegriner, Mazedonier, Bosnier, Griechen spüren oder das Fehlen der vernichteten Kroaten durch virtuelle Morde, die sich während einer fünfminutigen Ausstrahlung auf der meteorologischen Karte zutrugen.

Demnach konnte alles im Einklang mit Walter Benjamins Traum stehen, den er im Tagebuch vom 6. März 1938 notierte. Er habe sich vor einer Karte von schrecklich dunkler Szenerie, in einem rauen Brachland im Labyrinth seines eigenen Albtraums wiedergefunden. Die Brache verschwand nicht. Sie blieb dort, auch nachdem der Philosoph aufgewacht war. Es war das ersichtliche Zeichen eines Verlustes, wie Jacques Derrida sagen würde. Innerhalb der Karte befindet sich auch mein Nachbar, der von der meteorologischen Karte verschwand, einstweilen. Er wird in meiner Erinnerung für immer fehlen. Womit werde ich nach dem Verschwinden des *Anderen* und somit *des Nachbarn* die entstandene Leere füllen?

DAS MONOPOL DER BARBAREI

Man erzählt sich ein Märchen. Es stammt aus den nomadischen Zeiten der Völkerwanderungen, in denen es nur ein Territorium gab, keine Landkarten. Man sagt, dass der Gott einen Fluss als Trennlinie zwischen den älteren und jüngeren Völkern gezogen hatte, obschon sie alle einer Plazenta entstammen und Proto-Indoeuropäer genannt wurden.

Eines Tages beklagten sich diejenigen, die auf der Seite der jüngeren Völker standen beim Gott. „Du hast uns nichts Gutes getan", sagten sie ihm. „Du hast uns am Rande des Flusses vergessen und, als wäre das nicht genug, hast du der Sonne erlaubt, uns zu bräunen. Siehe, auch haben wir eine andere Farbe als diejenigen, die den Fluss überquert haben und Europäer geworden sind." Der Gott beschloss seinem jüngsten Volk zu helfen. „Bildet auch ihr eine Reihe", sagte er „und überquert den Fluss ohne viele Worte! Jeder soll ihn allein durchqueren. Helft euch nicht gegenseitig, solange ich euch helfe! Erreicht ihr die andere Seite, werdet ihr Europäer sein." „Werden wir weiterhin dunkelhäutig bleiben, oder weiß sein wie die anderen?", fragte sehnsuchtsvoll einer der Nachzügler.

Als erster überquerte der Urgroßvater den Fluss und der Wille Gottes wurde vollendet: Er ging dunkelhäutig hinein und kam weiß heraus. Das Wunder wirkte auch bei dem Großvater, der Großmutter, dem Vater, der Mutter, dem älteren Bruder und der Schwester.

Sie begannen zu feiern, denn nicht nur die Haut wurde heller, sondern auch das Leben änderte sich. Sie waren

> mit Singen und Tanzen derart beschäftigt, dass sie nicht realisierten, dass der jüngere Bruder seinen Fluss noch nicht überquert hatte. Von Wellen zurückgehalten, konnte er trotz jeglicher Bemühung nicht voranschreiten. Seine Mutter wandte sich dem Vater des kleinen Dunkelhäutigen flehend zu: „Streck‘ deine Hand aus und hilf dem Jungen! Er droht zu ertrinken.“ Der Vater warf einen Blick auf die Wellen und antwortete erzürnt: „Lass den Teufel versinken! Negerangelegenheiten. Er ist ja kein Europäer!?“

Wer hat es gesehen? Einige von euch haben vielleicht noch den Nachbarn vor Augen, der seiner Schublade ein mit Samt und Seide umhüllltes Messerset entnimmt. Er streichelt es sorgfältig und langmütig, als wolle er es liebkosten, bis es heller als Diamant erstrahlt. Was macht er da eigentlich? Er achtet darauf, dass die Klinge des Hasses nicht von Rost befallen wird. Mit anderen Worten: Er pflegt die Feindschaft. Trotz aller Aufrufe nach Frieden und der von internationalen Institutionen gespendeten Fördermittel bleibt für ihn die Aufrechterhaltung des Hasses ein mystisches Ritual, so mystisch wie die Reinkarnation durch Voodoo. Wer ist er denn eigentlich? Ihr müsst nicht weit gehen! Er befindet sich in unmittelbarer Nähe. Das Attribut „impulsiv“ würde für jeden anderen hart klingen, es sei denn, es wird für den Administrator des Hasses verwendet. Hier ist er – vor deinen Augen. Der Balkanbewohner!

Wäre es nicht besser ihn als jähzornig zu bezeichnen, statt impulsiv und als bipolares Individuum, das mit Samt und Seide die Feindschaft pflegt? Weiß du etwas über die Bipolaren?

Nein? Dann hör zu! Sie sind oft genial. Wie Van Gogh, Edvard Munch und Beethoven. Verstehst du? Nun, sicherlich vermagst du diese Genialität des Menschen, der den Hass bewahrt, nicht zu entschuldigen! Hast du vergessen!? Diese Genialität ist ein außergewöhnlich europäisches Merkmal!

Mir scheint, als verharrest du in einem Stereotyp, mein Freund. Hast du Gewissensbisse, dem Meister des Hasses allzu sehr zur Last zu fallen? Beruhige dich! Du weißt schon. Das Pflegen des Hasses dem *Anderen* gegenüber, besonders wenn der *Andere* der Nachbar ist – ganz gleich ob dieser nun Balkanbewohner oder Europäer – ist nach wie vor eine beliebte Aktivität im kollektiven Umgang der Nationen miteinander.

Lupus in Fabula! Siehe, gewollt oder ungewollt, habe ich einen Fluss zwischen den Europäern und den Balkanbewohnern erschaffen. Das Karussell hat aufgehört sich zu drehen und die Dinge haben ein für alle Mal ihre Plätze eingenommen. Der Balkanbewohner im Osten. Der Europäer im Westen. Nach dieser Trennung scheint mir keine Notwendigkeit zu bestehen, dem Wort Balkanbewohner „rückständig" voranzustellen, da ja auch beim Wort Europäer das Attribut „zivilisiert" nicht vonnöten ist.

Sicherlich, für dieses Attribut trägt der Balkanbewohner selbst die Schuld. Er bleibt euphorisch. Er reist nach Paris, Berlin, Wien, Brüssel, Amsterdam oder Venedig und sein Spruch, er fahre nach Europa, langweilt! So besessen ist er davon, alles über Europas Geschichte zu lernen. Selbst wenn man ihn aus dem Schlaf holt, zählt er die Namen der europäischen Hauptstädte auswendig auf. Natürlich kennt er auch die Namen der

Vertreter jeder Kultur. Willst du ihn auf die Probe stellen? Probiere es aus! Frankreich = Victor Hugo! Deutschland = Goethe! Österreich = Mozart! Italien = Leonardo da Vinci! Spanien = Cervantes! Der Balkanbewohner kennt auch den Unterschied zwischen den Flaggen Luxemburgs und den Niederlanden, welche sogar für die Einheimischen ähnlich aussehen. Der Balkanbewohner kennt den Namen der führenden Fußballmannschaften jedes europäischen Landes, sowie mindestens einen prominenten Fußballer jeder Meisterschaft.

Was ist aber währenddessen mit den Europäern? Ach! Sie sind nicht an einer Nichtigkeit wie der Geographie interessiert. Wann immer sie in einen Balkanstaat reisen, kürzen sie ab: Wir gehen Richtung Osten. Die Balkanbewohner verzeihen ihnen. Es bleibt ihnen nichts anders übrig.

Freilich es gibt keinen Grund zur Panik. Trotz drängender Umstände und obwohl sie große Mühe haben, ein gutes Wort einzulegen, wünschen sich die Europäer, der kommunistische Balkanbewohner des roten Sterns möge sich mit der Union der goldenen Sterne vereinen, um gemeinsam den Hintergrund des blauen Himmels zu teilen. Wie dem auch sei, man soll es nicht übertreiben. Lasst uns das Missverständnis erklären. Was der Europäer auf keinen Fall mit dem Balkanbewohner zu teilen vermag, das Wort „Europa“ ist es nicht. Keinesfalls! Es sind die Wörter „westlich“, „westliche Kultur“, „westliche Welt“ und vor allem „westliche Zivilisation“.

Es liegt nicht am Willen, vielmehr an Unwissenheit. Wann oder wie es dazu kam, dass eine solch unschuldige geografische Bezeichnung, wie das Wort „Balkan“ = „Osten“ = „Rückstand" = „Barbarei", sich zu einer der mächtigsten und weitverbreitetsten Bezeichnungen der Verachtung der modernen Geschichte wandelte, ist unbekannt. Die bulgarische Balkanologin Maria Todorova hat eine Antwort darauf: „Wenn wir nun einen Europäer mittleren Bildungsgrades fragen, wem das Porträt des Menschen entspricht, der sich damit befasst, den Hass aufrechtzuerhalten, als sei dieser eine Zierde, würde er nicht zögern, und sofort mit dem Zeigefinger auf mich deuten." „Seid ihr erblindet?", wird er seinesgleichen beschuldigen. Der Feind steht uns gegenüber. Genau vor unseren Augen!

Ja. Du hast es auf den Punkt gebracht. Du hast erneut den einstmaligen Ruhm begriffen, o du unbeugsamer europäischer Mut! Der Meister der Erhaltung der Feindschaft ist neben dir untergebracht: auf dem Balkan. Ich weiß, wie du dich fühlst! In Gefahr. Der Balkanbewohner hat seine unwissende Seele unter Beweis gestellt, wann immer ihm Gelegenheit dazu geboten wurde. In jedem Balkankrieg, vor allem in Sarajevo, wo, wenn ich mich recht an die Verse von Izet Sarajlić erinnere, sich alle ehemaligen Jugoslawen vor der ehemaligen jugoslawischen Armee zur Erschießung aufreihen mussten. Das ist bekannt!

Habt ihr gehört, Kinder? Es besteht also kein Zweifel, dass der exklusive Besitzer der Bestattungsunternehmen der „Balkanbewohner" ist. Aber was halten diese eigentlich von sich selbst? Man soll sie nicht in ihrem Recht beschneiden, hörst du? Und ob wir Profis sind!? Wie wollt ihr die Morde? Hier, du hast die Wahl! Werfen Sie ein Blick auf den Katalog interethnischer Kriege, *Sir*! Nein, warten Sie, gehen Sie nicht weg! Aber natürlich haben wir ihn auch, den Katalog religiöser Massaker! Nun, wählen Sie aus! Legen Sie Ihren Finger auf die Karte!

Auch das sollte erwähnt werden, aber vergeude nicht deine Zeit. Verurteile nicht unerbittlich den Europäer, deinen „weißen“ Bruder! Verurteile ihn nicht, wenn sein Zeigefinger, der auf den Balkanbewohner zeigt – den metaphysischen Schuldigen unseres Kontinents – seine Fähigkeit verloren hat, sich zu erheben, wie einst Platons Finger auf Raffaels Fresko *Die Schule von Athen*. Du verlangst zu viel. Die Zeiten haben sich geändert. Wir leben in anderen Zeiten, wo auch unsere Finger eine Veränderung erfahren haben. Der heutzutage meist gebrauchte Finger ist der Zeigefinger. *Digitus secundus*, der gemächlich die Fernbedienungstasten des Fernseherapparats drückt, in dem der Europäer sieht, wie die Terroristen mit eben diesem Finger die Fernsteuerung der Bomben in Palermo, Paris, Malmö, Brüssel und Madrid drücken.

Der armselige Balkanbewohner versteht dies nicht! Deshalb ist er zurückgeblieben und steigt wie ein alter Mann nur langsam die aufsteigende Treppe der Evolution empor. Deshalb ist er barbarisch geblieben! Obwohl der Balkanbewohner erkennt, dass Gott schnell beim Begleichen der Rechnung ist, kann er nicht glauben, dass sich jeder auf der Welt wie ein Europäer verhält: Er zahlt nur seine Rechnung. Der Arme! Anstatt den Emigranten eingepacktes Essen ins Lager zu bringen, holt der Balkanbewohner sie ab und bringt sie zu sich nach Hause. Hm. Der Emigrant versteht den Emigranten gut.

Und du, bist du wirklich so naiv zu glauben, dass der Wohlstand oder die Vergessenheit die Gründe sind, die den ironischen Europäer dazu bringen, mit jener Leichtigkeit zu sagen, dass der Hass eine exklusive Spezialität des Balkans sei, dass der Balkanbewohner das unerschütterliche Monopol der Barbarei innehabe? Ich vermag es nicht zu glauben, dass der Balkan die Europäer lockt, einzig weil sie dort den Tourismus der Nostalgie entdeckt haben nur dorthin zurückkehren, um Schmerz, Hoffnungslosigkeit, Demütigung, Verachtung von anderen, Reue für die Fehler, Entbehrung unmittelbar nach dem Zweiten Weltkrieg zu reproduzieren.

Aber ich stimme natürlich Hermann von Keyserling zu, wenn er schreibt, dass die Europäer den Balkan erfinden würden, wenn es ihn nicht gäbe. Ja. Mit der Leichtigkeit der Erfindung der Flasche, die auch in eine „Molotow-Bombe" verwandelt werden kann. Und trotz der Verachtung, Kränkung und Manipulation, obwohl sie ihn hindern, aufhetzen und verhöhnen wie jenes Mädchen, das Champagner spät entdeckt und Austern mitsamt Schale isst, entreißt man dem Europäer den Balkan, ist es, als raube man einem Kind sein Lieblingsspielzeug, während es träumt.

Deshalb, du Balkanbewohner, versuche Kraft zu finden und laut zu lachen. Widersprich niemals den Europäern, wenn du Überschriften liest wie *Master-Chef der Konflikte befindet sich auf dem Balkan*! Lach, wie du gelacht hast, als du vom französischen Schriftsteller Rabelais Kapitel 38 last, wo Gargantua sechs Pilger mit Salat fraß oder als du das Kapitel VI des Don Quijote verschlangst, wo dessen Nichte die Verbrennung der Poesie-Bücher empfiehlt, weil die Möglichkeit bestehe, dass der Ritter ein Dichter werden könnte. Diese Berufung könnte noch gefährlicher als ein flüchtiger Ritter sein.

Lach, aber gib nicht an, als seiest du ein guter Schüler. Versteck dich nicht mehr! Jeder weiß es. Du kannst ein guter Mensch sein, aber ein schlecht nachahmender Schüler. Erkenne, dass du mit deinem Gedächtnis einige Probleme hast, die kürzlich wieder aufgetreten sind. Außerdem hast du nicht die Zeit, dir selbst das Wissen aus Büchern anzueignen, wenn du es doch durch Erfahrung erwerben kannst. Wozu brauchst du Physik? Und Katechismus? Mit oder ohne dein Wissen wird alles, was du im Leben tust, nicht nach Balkan riechen, es wird Europas Duft haben.

Woher solltest du auch wissen, du bedauernswerter Balkanbewohner, dass du dich der Gewalt mit der gleichen Kraft widersetzen kannst, die der Feind auf dich ausgeübt hat, und somit das dritte Newtonsche Gesetz bejahst? Woher? Willst du etwa behaupten, dass das Alte Testament deine Seele zerstörte, indem es dir beibrachte, Gerechtigkeit zu finden, indem du „Auge um Auge und Zahn um Zahn" liest? Es ist nicht so! Akzeptiere es! Sei mutig!

Aber wie soll denn der heroische Balkanbewohner, der seine Heimat verließ und als Emigrant nach Europa geht, Mut fassen? Soll er undankbar werden? Soll er heimlich Geschichtsbücher öffnen, die seine Kinder auf dem Tisch vergessen haben? Wie? Soll sich der Traum, den er so teuer bezahlt hat, in Luft auflösen? Er sehnte sich danach, wenn auch nur als Emigrant auf der „europäischen heiligen Erde" anzukommen! Er war mit einem kleinen Traum in der Tasche aufgebrochen: Seine Kinder sollten an europäischen Schulen lernen, wie es der Fall gewesen war, bevor der Kommunismus Albanien erobert hatte.

Was soll der Balkanbewohner in diesem Fall, gefangen in dem, was er weiß und was er sieht, unternehmen? Soll er sich wie ein Maulwurf durch die Seiten des Buches graben, ob überhaupt der Unterricht über den „Hundertjährigen Krieg“ stattfindet (wo fünf Generationen von Europäern sich gegenseitig abschlachteten, um den englischen Traum gemeinsamer Führung zu beenden, um mit Verachtung und Fanatismus alles Französische in England wegzuwerfen, einschließlich sogar dem Französisch)?

Weder als Schauspieler noch als Synchronsprecher wird der Balkanbewohner dabei sein, falls ein Film gedreht wird mit Szenen von der Massakrierung der französischen kalvinistischen Protestanten, am Vorabend der Bartholomäusnacht im Jahr 1572. Ganz gewiss weiß der Balkanbewohner noch, dass jene Schlacht als die schlimmste unter den religiösen Massakern des 16. Jahrhunderts galt. Der Mangel an Verständnis, der Mangel an Barmherzigkeit inmitten der christlichen Brüderlichkeit und die endlosen Morde erweckten den Eindruck, dass nicht der Islam, der Europa erreichte, sondern der Katholizismus der blutige und tückische Glaube war. Vor diesem Hintergrund ist der Balkanbewohner, der schreckliche Erfahrung mit interethnischen Kriegen gesammelt hat, mit denen er den Beginn sowohl des 20. als auch des 21. Jahrhunderts einweihte, in tiefe Verzweiflung gefallen. Er versteht das Gewicht des Schicksals. Er soll die Segel streichen. Er hegt keine Hoffnung mehr. Er ist und wird niemals ein würdiger Europäer sein. Was soll er tun, um das Verbrechen der interethnischen Kriege zu begleichen?

Die Balkanbewohner sind jämmerlich und klagen über mangelnde Möglichkeiten. Aber selbst wenn man ihnen eine Gelegenheit bietet, bringen sie nichts zustande. Nicht einmal eine aktuelle Reportage mit europäischen Premierministern, die ihren Balkan-Kollegen kilometerweise Stacheldraht spendieren, damit sie die Grenze zu den Balkannachbarn schließen. Nicht einmal das kann er erfüllen. Genauso wenig wie einen Film über die ertrunkenen Flüchtlinge an ihren Ufern und im Mittelmeer zu drehen. Auch auf dem Filmfestival in Berlin wird er in der Kategorie *The Best Crime Film of XIV and XV Century* nicht teilnehmen. Er hat keine Ausdauer. Er hat keine Geduld. Er kann nicht 100 Jahre kämpfen. Der Balkanbewohner begleicht seine Rechnungen schnell.

Und er wird nicht augenblicklich Europäer. Nicht solange die balkanischen Szenen der Massaker und Kriminalität den Gipfel der europäischen Grausamkeit und Massaker erreicht haben, wie sie Maria Todorova in ihrem Buch *„Imagining the Balkans"* erwähnt.

Die Balkanbewohner wurden schnell verbraucht. Alles, was sie zu erfinden hatten, erfanden sie in der Antike und beließen es dabei. Seit dieser Zeit gedeiht in ihren Köpfen kaum noch eine Form, die nicht Hörnern oder Waffen ähnelt.

Der Balkan ist nicht Europa. Wie sollte er es denn auch werden, wenn er „im Kreise der erleuchteten Welt nicht durch seine besten und talentiertesten Vertreter auftritt", wie Ivo Andrić urteilte, sondern durch seine kleinen Verbrecher.

Der Balkanbewohner wird niemals Europäer werden. Er versteht es nicht, einen Krieg aus Gründen wie Wirtschaft, Weltordnung oder eine bessere Zukunft aufflammen zu lassen. Denn er streitet sich stets ohne triftigen Grund. Er kann sich unbefangen prügeln. Ein Krieg zwischen den Balkanbewohnern könnte ausgelöst werden, beispielsweise weil die Griechen den Albanern in den Grenzgebieten eine Stunde voraus sind. Mehr bedarf es nicht, damit der *homo heroicus* zur Waffe greift und der *digitus secundus* den Abzug zieht. Denn was es bedeutet, in der Zeitzone eine Stunde voraus zu sein, kann nur der Balkanbewohner wissen. Haben etwa die Griechen die Sonne früher als die Albaner gesehen? Die Griechen sollen schlauer, erleuchteter und fortgeschrittener sein als wir? Und sollte es jemand wagen, die Balkan-Logik herauszufordern, indem er sagt, dass doch die Rumänen und Bulgaren auch eine Stunde früher dran sind als ... wird wie aus der Pistole geschossen die Antwort bekommen: „Diese dürfen es, die Griechen nicht!“

Aber der Europäer, der sich auf dem Balkan befand, als sich die interethnischen Massaker ereigneten und der Balkanbewohner, der unter kommunistischer Diktatur lebte, der die nächsten Nachbarn, Verwandten und das andere Geschlecht verriet und tötete, sie wissen jetzt um die Bedeutung der „metaphysischen Schuld“, die Karl Jaspers so beschrieb: „Wenn das Leben des anderen in Gefahr schwebt und ich bei ihm bin und wenn ich überlebe, während der andere getötet wird, höre ich die Stimme tief in mir schreien: Ich bin schuldig noch am Leben zu sein.“

Endlich wurde auch der Feind aufgespürt. Er trägt sogar einen Namen. Der Balkanbewohner erkennt den Fatalismus. Auf dem Balkan ist nicht einmal das Wetter europäisch. Warum darf er nicht träumen? Der Traum von der Legende mit Gott, der den Fluss schuf, könnte zwischen den Europäern und den Balkanbewohnern neu geträumt werden, dass dieser als solcher ins Wasser hineingeht und auf der anderen Seite gewaschen und als Europäer zivilisiert herauskommt. Bis aber das Wunder vollbracht ist, wird den Balkanbewohnern geraten, nicht hart zu arbeiten. Ihre Augen weder zu öffnen noch zu waschen. Sie sind ein *khôra* – sind Europa schon nahe, aber immer noch in der Umgebung der wahren Zivilisation. Dieser Zwischenzustand ermöglicht es ihnen zumindest noch, zynisch und misstrauisch zu sein. Und bringt sie dazu die Europäer vorurteilbeladen und stereotypenhaft zu betrachten, wie die Europäer auch sie.

Inzwischen verschiebt sich die Nomaden-Polis der Kulturen von einer Richtung zur anderen. Diese Verschiebung erinnert uns daran, dass nicht immer der Osten, bzw. der Balkan die dunkle Seite unserer europäischen Zivilisation repräsentierten. Dass Konstantinopel die erleuchtete Polis war, als Westeuropa oder anders gesagt der Westen eine Verfinsterung der Werte erfuhren. Aber Gesellschaften koexistieren ohne Eliminierung anderer von der Landkarte, versuchen die Würde des Menschen hochzuhalten, das „Monopol" der Zivilisation zu bewahren. Und nicht die Exklusivität der Barbarei, in Zeiten, in denen diese im Smoking oder mit kugelsicherer Weste daherkommt.

ZUM AUTOR

Arian Leka wurde 1966 in Durrës geboren, ist Autor mehrerer literarischer Werke, darunter Essays, Lyrik, zahlreiche wissenschaftliche Artikel und eine Monographie, die der verborgenen avantgardistischen Literatur, dem Modernismus und „sozialistischen Realismus" in Albanien gewidmet ist. Sein literarisches Werk wurde vom albanischen Kulturministerium mit 5 nationalen Preisen sowie als das Beste Buch des Jahres 2019 ausgezeichnet.

Sein Beitrag wird von den Kritikern als *avantgardistische Literatur des postsozialistischen Realismus* betrachtet. Er ist Autor 16 literarischer Werke, zahlreicher wissenschaftlichen Artikel und einer Monographie, die der verborgenen avantgarden Literatur, dem Modernismus und sozialistischen Realismus in Albanien gewidmet ist.

Arian Leka promovierte in Albanologie mit seiner These "Sozialistischer Realismus – Adventus und Adventurus zwischen Realismus und Irrealismus". Seine Kurzgeschichte *Brüder in Klinge* wurde Teil der besten europäischen Fiction 2011, herausgegeben von Aleksandar Hemon (Dalkey Archive Press).

2014 wurde Arian Lekas Essays *Auf der Suche nach dem verlorenen Hemd* Teil der Anthologie *Das Hemd* (Leykam,

Austria). Im Jahr 2017 wurde die Geschichte *Paper Cell* in die Anthologie *Glückliche Wirkungen* (Ullstein Buchverlage, Berlin) aufgenommen und im Jahr 2018 wurde Arian Lekas Kurzgeschichte *Paranoia* Teil der europäischen Anthologie *Freiraum* (Goethe-Institut Edition). Außerdem 2004, *Strabismus* – ein Gedichtband; 2006, *Des Mannes Rücken* – Kurzgeschichten; 2010, *Fehlerkorrektur* – ein Gedichtband; 2016, *Die linke Hand* – Roman.

Seine literarischen Werke wurden in viele Sprachen übersetzt und in mehreren literarischen Zeitschriften veröffentlicht, darunter Lettre International, Gerbergasse18 (Deutschland); Buchkultur und Lichtungen (Österreich); EuropskiGlasnik, Nova Istra (Kroatien); Polje (Serbien); Ars (Montenegro). Er arbeitet als Wissenschaftler an der albanischen Akademie für Albanologische Studien, ist Dozent an der Universität der Künste in Tirana und Gründer des Programms *Writers in Residence* "Tirana in Between", dem Gedichtsfestival Poeteka sowie der Zeitschrift POETEKA, Mitglied von EUROZINE, ein Netzwerk europäischer Kulturzeitschriften.

Er ist Träger zahlreicher internationaler Preise, wie unter anderem des „literarischen Zepters" des Schriftstellerverbandes der Republik Nordmazedonien.

ZUR ÜBERSETZERIN

Loreta Schillock wurde 1974 in Berat, Albanien geboren. Sie studierte Anglistik in Chicago, Linguistik, Germanistik und Deutsch als Fremdsprache in Heidelberg und Stuttgart.

Sie übersetzte, dolmetschte und moderierte u.a. für das Projekt *Literatur in Flux* des europäischen Netzwerks der Literaturzentren HALMA (2012), für das europäische Netzwerk für Literatur und Bücher TRADUKI auf der Leipziger Buchmesse (2016, 2017) sowie für die Akademie für gesprochenes Wort in Stuttgart (2016).

Ins Albanische übertrug sie u.a. Werke von Heinrich Heine und Franz Kafka. Aus dem Albanischen ins Deutsche übersetzte sie 2009 den Lyrikband *Die löchrige Seele flicken* des albanischen Schriftstellers Arian Leka sowie 2012 dessen Lyrikband *Ein Buch Ein Meer*. 2013 den Roman *Onufri Die Ikonenlegende* von Xhevair Lleshi, veröffentlicht in Charleston, SC, USA. Ihre Übersetzungen erscheinen u.a. in der europäischen Kulturzeitschrift *Lettre International*, Berlin, sowie dem europäischen Kulturmagazin *EUROZINE Partner Poeteka*, Tirana, Albanien.

Loreta Schillock wurde 2019 mit der Übersetzung dieses Buches vom Kultusministerium Albaniens als Gewinnerin des Projekts für literarische Übersetzungen vom Albanischen ins Deutsche ausgezeichnet.

GLOSSAR

Ivo Andrić (1892–1975): War ein jugoslawischer Schriftsteller sowie Diplomat. 1961 erhielt er den Literaturnobelpreis.

Arbëri: Bis zum 15. Jahrhundert wurde mit Arbëria das Territorium des heutigen Albanien benannt. Arbnor und arbëresh werden als Adjektive verwendet und dienen auch als albanischer Vorname bzw. ethnische Bezeichnung für die älteste albanische Minderheit in Italien.

Das Weiße Meer: Bezeichnung für das Mittelmeer im arabischen und nordafrikanischen Raum.

Devoll: Gemeinde im Südosten Albaniens.

Enver Hoxha (1908–1985): War ein kommunistischer albanischer Politiker, der die Sozialistischen Volksrepublik Albanien von 1944 bis 1985 diktatorisch regierte.

Festina lente: Herkunft: Latein. Als Sprichwort verwendetes Oxymoron, bedeutet „Eile langsam" oder „Eile mit Weile".

Gjergj Fishta (1871–1940): War ein albanischer franziskanischer Dichter, dessen Werk *Lahuta e Malcis* (Die Laute des Hochlands) zu den bedeutendsten Schriften Albaniens im 20. Jahrhundert zählt.

Seeschlacht von Lepanto: Fand am 7. Oktober 1571 im Ionischen Meer in der Region des heutigen Griechenlands zwischen osmanischen Kräften und der Heiligen Liga statt und forderte erhebliche menschliche und materielle Verluste.

Nizam: Herkunft: Türkisch. Rekrut. Ein Junge, der vom Osmanischen Reich bis zu sieben Jahre in Dienst genommen wurde und im Krieg diente. In der Regel kehrten sie nicht nach Hause zurück, oder mit etwas Glück als Versehrte.

Trennlinie von Jireček: Benannt nach dem österreichisch-tschechischen Historiker Konstantin Josef Jireček, gilt diese gedachte Linie als Grenze zwischen den Bereichen Südosteuropas, die sprachlich stärker durch den römischen (nördlich) oder hellenistischen (südlich) Einfluss geprägt wurden. Sie beginnt im nördlichen Zentralalbanien, verläuft über Serdica (Sofia) und endet am Schwarzen Meer im Südosten Rumäniens.

Raxh Kapur (1924–1988): Bekannter als Raj Kapoor. War ein angesehener indischer Schauspieler und Regisseur.

Vuk Stefanović Karadžić (1787–1864): War ein serbischer Philologe, dessen bedeutsamstes Wirken das Reformieren der serbischen Schriftsprache war.

Konstantin Kaváfis (1863–1933): War ein griechischer Lyriker. Gilt als einer der bedeutendsten Dichter des moderneren Griechenlands.

Marko Kraljević (1335–1394): War ein serbischer König und Held in zahlreichen südslawischen Epen.

Julia Kristeva (Jg. 1941): Ist eine bulgarisch-französische Schriftstellerin und Literaturtheoretikerin.

Anna Komnena (1083–1154): War eine byzantinische Historikerin.

Lot, Ad, Ubar: Nach koranischer Überlieferung wurden die Völker Lot und Ad für ihre Sünden von Allah vernichtet. Ubar galt als Heimatstadt des Volkes Ad im Süden der arabischen Halbinsel.

Pult: Landschaft im Norden Albaniens.

Josip Broz Tito: (1892–1980) war ein jugoslawischer kommunistischer Politiker und über Jahrzehnte staatsführender Diktator Jugoslawiens.

Maria Todorova (Jg. 1949): Eine bulgarische Historikerin, die insbesondere durch ihr Werk *Imagining the Balkans* Bekanntheit erlangen konnte, in welchem sie den Balkan als westliche Gedankenkonstruktion aufzeigt.

Koçi Xoxe (1911–1949): War ein albanischer Politiker. Hielt zahlreicher relevante Posten bis zu seinem Tode inne und galt als größter Rivale Hoxhas. Wurde in dessen Auftrag aufgrund seiner pro-jugoslawischen Ansichten verurteilt und ermordet.

AUS DEM AKTUELLEN VERLAGSPROGRAMM

www.anthea-verlag.de

Juliana Gumprecht
Märchen aus Omas Truhe
Eine Sammlung albanischer Volksmärchen
Broschur, 14,8 x 21 cm, 152 Seiten, mit 24 Illustrationen,
12,90 €
ISBN 978-3-89998-310-4

Zum Buch

Lesen wir die Märchen fremder Völker, dann lernen wir nicht nur die Sagen und Mythen anderer Kulturen kennen. Der Leser dringt ebenso in die Gedanken- und Vorstellungswelt derer ein, welche mit diesen Märchen aufgewachsen sind. Demnach erlaubt uns die Lektüre von sagenhaften Erzählungen anderer Nationen und Ethnien, die Gepflogenheiten und Mentalitäten anderer Menschen besser zu verstehen.

Die eingängige Auseinandersetzung mit Märchen, welche uns zunächst fremdartig erscheinen, weckt somit das Interesse daran, andere Kulturen besser zu verstehen. Und sie vermögen darüber hinaus einen stillen Beitrag zur Völkerverständigung und dem damit verbundenen Kulturaustausch zu leisten.

edition Europa 2^go

Herausgegeben von Martin A. Völker

Der Anthea Verlag nahm das von der Europäischen Kommission ausgerufene Europäische Kulturerbejahr 2018 zum Anlass, eine neue Reihe zu beginnen: In der Reihe Europa 2go [sprich: Europa-to-go] werden kürzere Texte zu Ländern und einzelnen Städten Europas sowie schriftstellerische Extrakte zu europäischen Werten und zum geistigen Kulturerbe veröffentlicht. Die Reihe gewährt Einblicke in das europäische Denken, Dichten und Reisen. Eine Vielzahl von Autoren wurde nach vielen Jahrzehnten wiederentdeckt, die ohne Zweifel zur literarischen Schatzkammer Europas gehören.

Die ersten Bände dieser Reihe behandeln das Land Rumänien: Im ersten Band, der im Jahr 1882 als Bilder aus Rumänien erstmals erschien, beschreibt die heute unbekannte Autorin Adelheid Bandau die Stadt Bukarest, das bunte Treiben des Jahrmarkts, die religiösen Orte und Feste, die Riten und Untiefen des Alltags.

Ein weiterer Band der Reihe Europa 2go versammelt Texte des 1889 verstorbenen rumänischen National- und Meisterdichters Mihai Eminescu, in dessen Ausführungen der Leser die von deutschen Schriftstellern vorgeprägte Romantik begegnet: die Blaue Blume, die Naturbegeisterung sowie die enttäuschte Liebe und das Leiden am Leben.

Diese Reihe wird mit Autoren aus Ost- und Westeuropa fortgesetzt wie unter anderem Petko Todorov, einem der bedeutendsten Vertreter der jüngeren bulgarischen Literatur und Verfasser zahlreicher imposanter Erzählungen, welche sich in der Sammlung „Skizzen und Idyllen“ wiederfinden lassen.

Auch volkstümliche Literatur findet ihren Platz in dieser Reihe wie bspw. in „Bär und Derwisch“, einer Sammlung unterhaltsamer Märchen aus dem albanischen Raum.

Petko Todorov
Skizzen und Idyllen
Herausgegeben von Detlef W. Stein und Martin A. Völker
Broschur, 12,0 x 17,0 cm, mit 10 Fotos, 124 Seiten,
12,90 €
ISBN 978-3-89998-278-7

Albanische Märchen
Bär und Derwisch
Broschur, 12,0 x 17,0 cm, 164 Seiten,
9,90 €
ISBN 978-3-89998-338-8

Adelheid Bandau
Geschichten aus Rumänien
Broschur, 12,0 x 17,0 cm, mit 13 Abbildungen, 282 Seiten,
12,90 €
ISBN 978-3-943583-22-9

Mihai Eminescu
Großer Mond im Laub
Mit einer Einleitung von Titu Maiorescu
Broschur, 12,0 x 17,0 cm, 234 Seiten,
12,90 €
ISBN 978-3-943583-55-7

Robert Elsie (Hg.)
DER KANUN
Das albanische Gewohnheitsrecht nach dem sogenannten Kanun des Lekë Dukagjini
Broschur, 14 x 21 cm, 272 Seiten,
39,90 €
ISBN 978-3-942437-33-2

Zum Buch

Seit Jahrhunderten von Generation zu Generation mündlich überliefert, stellt das albanische Gewohnheitsrecht nach dem Kanun des Lekë Dukagjini ein eigenes Rechtssystem dar. Vor allem in Nordalbanien und im Kosovo hatte es traditionell Vorrang vor staatlichen Gesetzen – und wird auch heute noch von vielen Menschen streng beachtet.

Von der internationalen Öffentlichkeit wird der Kanun heute in erster Linie mit der albanischen Blutrache in Verbindung gebracht. Für eine Vielzahl von Albanern ist er aber viel mehr als das und bestimmt für sie das tägliche Leben.

Unsere BÜCHERSTUBE
im LESSINGHAUS in Berlin

Nikolaikirchplatz. 7, 10178 Berlin

(Nikolaiviertel, Nähe S-Bf. Alexanderplatz)

Öffnungszeiten
Di – Fr 11.00 – 17.00 Uhr

Wir bieten Ihnen Bücher, DVDs und CDs
zu den folgenden Themen an:
Osteuropa, Berlin und Deutsche Aufklärung
des 18. Jahrhunderts, sowie
geisteswissenschaftliche Fachliteratur.

www.lessinghaus.eu
www.anthea-verlagsgruppe.de